PRE-STEP
02

プレステップ

法 学
〈第5版〉

池田真朗/編

渡辺利夫/シリーズ監修

弘文堂

初版はしがき

　人は、一人では生きてゆけない。そして、人が集まって、社会という名の集団を作るとき、そこに何らかのルールが形成されていく。そのルールが、やがて、「法」と呼ばれるようになった。

　法学は、人がこの世の中で共に生きていくためのルールを学ぶ学問である。だから、法学の知識は、程度の差はあっても、すべての人に必要かつ有用なものである。そこで、法学ないし法学入門は、文系理系を問わず多くの大学で、また短期大学等で、基礎科目・一般教育科目として設置されている。

　そのような重要性を持つ科目なのに、従来の法学は、少しも面白くない、学ぶ意味の感じられない科目とされてきた。その責任の大半は、やはり教える側にあったと考えられる。えらそうに、難しい言葉を使って、ああだこうだと決まり事を教える、という法学は、もう過去のものとされなければならない。

　人間社会の重要なルール、というのだったら、それを学ぶことは興味深く面白いものでなければならないはずである。また、それを学べば、これからの人生に必ず役に立つことがなければならないはずである。そして、人がどうしても過ちを犯す存在であるならば、そういう人々が寄り集まって考えた法というものも、完全無欠なものではないと考えるべきだろう。

　そのような基本的な立場から、徹底して、学習者の目線で、学習者が実感を持てる題材を使って、学習者の役に立つ法学の授業をする。そのための教科書を作ろうと私たちは考えた。かつ、いわゆる入門書が、その後に本格的な学習を続ける人の導入教育のために作られているものであるとするなら、私たちのイメージする教科書は、そういう入門書の要素以外に、これきりでもう法学を学ぶことのない人のための、いわば初級で完結する学習書にもなっている必要がある。

　この「プレステップ法学」は、すべての章が、学生の皆さんに本当に身近な話題から始まるように作られている。登場人物の会話や行動に共感しながら、学習を進めていっていただきたい。そうして最後まで本書を学び通すと、実はかなりのレベルで法律というものをひととおり理解したことになるのである。

　「元気」と「好奇心」をもって学習をはじめてみよう。皆さんが、法学を履修してよかった、役に立った、と思ってくれることを心から願っている。

池 田 真 朗

（第5版にあたっての改訂部分については、本書末尾の第5版あとがきを参照してください。）

希望くん

かなえさん

翔くん

夢子さん

　経済学部2年生の希望（のぞむ）くんと文学部1年生のかなえさんはテニスサークルで知り合い、一緒にヒゲ先生の法学の講義を受けることになりました。

　希望くんのアルバイト仲間の翔（かける）くんが巻き込まれた悪徳商法のトラブルや、かなえさんの友人である夢子さんの離婚について考えることで、2人は身近な出来事に法律が深くかかわっていることを知ります。

　希望くん、かなえさん、翔くん、夢子さんは、皆さんのまわりにきっといる人たちです。この人たちの会話や体験をご自分の学生生活と考えあわせながら、本書を読み進めてください。

　本書の各章の導入に用いられている題材は、どれもみなさんが学生生活で遭遇する可能性のあることばかりです。ぜひ本書で学習したことを実際の生活の中で役立ててください。

この本の使い方

●章のポイント	各章のはじめに、この章で学ぶ主なテーマを列挙します。
●登場人物の会話	希望くんとかなえさんを中心にした会話が、各章の導入と振り返りになっています。
●本文	講義の部分です。希望くんたちの経験にかかわる法の解説を中心に、民事法、刑事法、公法、国際法などの重要概念が理解できるように構成されています。六法を持たない学生のために、重要な**条文**は欄外に掲載し、楽しく読めて役に立つ**コラム**も多数取り入れています。第14章では法学を専門に学ぶにあたっての知識をまとめました。
●より深く学びたい人へ	本文を理解したあとで、さらに詳しく学びたい、より高度な内容に取り組みたい人のために、各章のテーマを発展させています。
●課題	各章のテーマを深く考えさせるための課題です。
●参考文献	各章で扱ったテーマについての一歩進んだ教科書や専門書を紹介しています。

池田真朗編『プレステップ法学〈第5版〉』

● 目 次

法学への招待

学習ガイダンス

　4月のキャンパスは、履修案内を抱えた学生とにぎやかなおしゃべりと明るい色彩に満ちている。とくに1年生は、新しい環境に慣れて友達を作り、同時に単位やクラブのことまで考えなければいけないから忙しい。

　大混雑している昼休みの学生食堂で席を確保することも、慣れないうちは苦労する。文学部1年生のかなえさんがトレーを持ったまま席を探していると、日焼けした男子学生が「こっちあいてるよー！」とにこにこしながら手招きしてくれた。

　えーっと、誰だっけ？　あっ、そうだ、テニスサークルの先輩だ。たしか経済学部の2年生だって言ってたけど、名前が思い出せないなぁ。

かなえさん、だよね。俺、希望（のぞむ）。次の時間、なに履修するの？

法学にするつもりなんです。

え、法学って、正義だとか公平だとかいってえぐいんじゃない？

いいえ、先週最初の授業に出たら、ヒゲの先生が、そんなの最初はどうでもよくて、後からじわっと感じればいいって。

今回の講義は
ヒゲ先生

俺は、ああしちゃだめ、こうしちゃだめって
規則で縛られるのは苦手なんだ。

でも、守らなくってもいい法律も
あるらしいです。

へーえ。だけど、やっぱり面白くないんじゃないの。ナント
カ解釈とかさ、先輩がマジつまんなかったって言ってたけど。

ううん、この授業は大学生の日常生活に結びついた話で
進めていくから、とにかく役に立つし、得することがあ
るからって。

なんか悪徳商法みたいだな。でも俺、去年取って
ないから今年一緒に取ろうかな。教室どこ？

POINT
第1章のポイント

● 目標は「役に立つ法学」

●「正解」探しはやめよう

● 六法の使用について

● 法律の種類と分類

● 法律はすべて守らなければいけないのか？

●「法学」と「法律学」の違い

これから法律の勉強を始めようとしている君に

　このテキストは、初めて法学を学ぶ大学１年生を対象に書かれている。そして、その人たちが出会い、経験するであろうことを素材に、章が進んでいくように作られている。読者の中には、この先も法律を学んでいく人たちももちろんいるだろうが、法学部以外の学部生や、短期大学生などには、この本で学んだだけでもう法学とはサヨナラという人もいるだろう。その両方の人たちにそれぞれ満足してもらえるように、頑張って「授業」をしてみたい。まず授業のねらいから始めよう。

目標は「役に立つ法学」

　この本では、「役に立つ法学」を教えることをまず目標にする。伝統的な法学の授業は、これから体系的に法律を勉強する人を対象に組まれていたこともあって、法の理念や分類や解釈の仕方などを中心に講じられていた。でも、具体的な法律を知らないのに理念とか分類とか解釈方法とか言われても面白いはずがないのである。ことに、半年や１年で、法律の勉強はおしまいという人たちに、「つまらない授業を取って損をした」と思わせてはいけない。ひたすら「役に立つことを教わって得をした」と思ってもらえるように授業をしたい。法学部生でこれからずっと法律を学んでいこうとする諸君も、学問的な体系の話の重要性はともかくとして、最初につまらない法学でやる気を失ってしまったら大損害なので、そういう人はこの本でスタートしなおしてほしい。

　では次に、初学者の君たちに対するいくつかのガイダンスを。

法学を学ぶにあたっての心構え ── 「正解探し」はいけません

　まず、高校までの勉強と違って、「正解」を探してはいけない、ということを言っておきたい。徳川家康が江戸幕府を開いたのは1603年がマルで1602年はバツ、喜望峰からインドに達した航海者はマゼランはバツでヴァスコ＝ダ＝ガマがマル、という世界とはもうサヨナラをしていただきたい。

　たしかに法律学では、試験の前には覚えなければいけない知識もある。しかし、法律学自体は、「正解を暗記する」学問では決してない。それはどうしてか。法律学は、自然科学と違い、つねに価値判断を含む学問なのである。「こうすべきだ」「ああしてはいけない」という、人間の行動の規範を示している

部分も多い。なぜそうすべきなのか、なぜそうしてはいけないのか、と、つねに考えながら学ぶのである。そこでは当然、人はどうあるべきか、社会はどうあるべきか、という議論が必要になる。だから実際に、正解がなかったり、答えがひとつに決まらないという場面も多いのである。

六法の使用について

　日本は、フランスやドイツなどと同じように、いろいろな書かれた法律を持っている国である（成文法主義の国という）。この点は、世界が全部そうなのではなく、イギリスやアメリカ合衆国のように、裁判所の判決（判例）の積み重ねでやっている国（判例法主義の国）もある。そうすると、成文法主義の日本で法律を学ぶ場合は、法律の条文をまとめて載せてある法令集を、ちょうど外国語を学ぶ際の辞書のようにそばに置いて学習する必要があることになる。この法令集のことを、日本では「六法」という。これは、憲法、民法、刑法、商法、民事訴訟法、刑事訴訟法という、6つの代表的な法律を指す言葉が、それ以外の法律を含んだ法令集を指す言葉にも使われるようになったものである。

　そこで、君たちはどうしたらよいか。この本では、以下、次のようなスタンスを取る。ただし、あくまでもこの本を講義に使われる先生の指示にしたがってほしい。

　①法律を学ぶのに六法は本来必要なもので、法学部の学生なら最初から授業に必ず携帯しなければならないのだが、この本は、この法学だけで法律とサヨナラという人たちは、六法を使わなくても学べるように作ってある。ただし、この先も法律を学びたいという人のためには、六法を使うトレーニングをする必要があるので、この本の最終章（第14章）でその説明をする（したがって14章のその部分は必要な人だけが読めばいい）。

　②法学だけであってもきちんと六法を使って勉強したいという場合は、一番簡単な（収録法令の少ない）六法を用意すればよい（法学の授業ではまずこれだけあれば足りるという六法として、『法学六法』（信山社）が推薦できる。これはまさに法学の授業のために作られたものである。その他の六法については、第14章の説明を参照してほしい）。

法の世界への道案内

それでは、法律の世界の道案内に入ろう。

この世の中には、たくさんの法律があるが、まず大きく2つに分けると、公法と私法に分けられる（「私法」は、三権分立の「司法」とはまったく別の言葉なので混同しないように）。

憲法や行政法のような法律は、おおまかにいうと、国の体制や、国と個人の関係に関するもので、公法と呼ばれる。

これに対して、民法など、個人と個人の生活関係を中心として規定するものを、私法と呼ぶ。

もっとも、法律の世界では、会社などの団体のことは、その活動を法が人になぞらえるという意味で法人と呼ぶ。それゆえ、商法や会社法なども、私法に入る。この私法分野に多数の法律がある中の、一番基本になっているのが民法であり、民法は私法の基本法である、といわれる。刑法は、この2つの区分では、一般には刑罰を与えるのは国と個人の関係とみて公法に入れるのだが、国によっては事件の当事者相互の関係からみて私法分野と考える国もある。

そこで、その最後の点が明瞭になるように法の世界を3つに分けると、公法系、民事系、刑事系に分かれることになる（これは現在の司法試験が採用している試験区分でもある）。さらにそのほかに国際法関係、社会法関係、経済法関係などを分けて分類することもある。それぞれの法分野については、次の章から順次学習していただきたいが、最初に知っていてほしいのは、このそれぞれがかなり性格というか肌合いが違っているということである。だから、一口に法律といっても全部の分野が好きになれるわけではない、ということはかなり高い確率でいえる。

それは、たとえばルールによる規律を重視するタイプの人もいれば、ルールをひとつの基準として、自由な行動を尊重するタイプの人もいるからである。そしてまた、法律自体にも、後述するようにその違いが明瞭にある。というのは、法律は、われわれの国家を維持する局面から個人生活のトラブル解決まで、さまざまな分野で、また生活場面で、機能しなければならないもので、すべての法律が集まって、ひとつの小宇宙を形成していると考えればよい。した

がってそこには多様な性格の法律があるのだから、学ぶ側にも好き嫌いができて当然なのである。ただ、初学者の諸君は、まずは味見ということで、全体をどんなものか味わってみることが大切である。

守らなくていい法律がある

では、具体的に法律によってどのくらい違いがあるのか。

以前、ある市民大学講座で、「みなさんは、法律というものはどんなものだと思っていますか」と質問をしたことがある。すると、こんな答えが返ってきた。

「法律というのは、偉い人が作った、守らなければいけないもので、でもときどき守らない悪い人がいておまわりさんに捕まったりするものです」。

これは、法律を学んだことのない一般の市民が、かなりの割合で似たような回答をするのではないかと思われるものである。しかし実はこれは公法分野に属する刑法や道路交通法などの法律についてはイメージとしてまず間違っていないが、一部の法律についてはまったく当たっていない答えなのである。

まず、法律は国会で作るので、国会議員が「偉い人」かどうかは議論があろうがそこはさておいて、次の「守らなければいけない」が当たっていない法律がある。さらに、「守らない人がおまわりさんに捕まったりする」という点も正しくない法律があるのである。それが、（詳しくは次章以下で勉強していただきたいが）私法の基本法である民法なのである。

民法には、「守らなくてもいい」つまり「法律に書いてあることと違うことをしてかまわない（しかも自分たちが決めたことが法律に優先するルールになる）」部分がたくさんある（任意規定という。債権法の契約の部分はほとんどがそうである）。そして、民法では、守らなくても「おまわりさんに捕まらない」つまり「罰則規定がない」のである（法律的に効力を否定されるだけである）。

なぜそんな法律があるのかといえば、それはそれぞれの法律が実現しようとしている目的が異なるからである。たとえば道路交通法は、道路交通の秩序を

オレたちは赤が進めで青が止まれにしようぜ

私たちの契約では民法と違ってキズがみつかってもおとりかえできないことにします

維持して、事故を減らし、市民生活の平和安全を実現するという目的を持っている。そのためには、皆にルールを守ってもらわなければならないので、当然、道路交通法の規定は当事者の意思で変えることはできない**強行規定**であり、さらに事故を未然に防ぐためにルールを守らせる必要から、罰則規定がおかれているのである。

　これに対して民法は（近代民法の始まりは、市民革命後にできたフランス民法典である）、市民の自治を支援し促進する目的で作られているのであるから、市民が自分たちの意思で作るルールを、それが反社会的なものでない限りは、最も優先しようとしているのである（民法における意思自治の原則）。

　上記の例でもわかるように、法律は、われわれの社会をさまざまな発想で秩序づけ、機能させようとするのである。けれどもそれは、権力者が法によって市民を縛るためではなく、望ましい社会の実現のために皆で（市民が選んだ代表を中心として）ルール作りをしている、と考えるべきなのである。

　もちろん、どういう社会が望ましいのか、とか、どういうルールになったら多数の市民が最も幸福になれるのか、という「価値判断」は、人によって異なる。だから、今存在する法律が絶対に「正しい」とは誰もいえない。そもそも、人間は必ず間違いを犯す生き物なのだから、その人間が作る法に完璧なものがあるはずもないのである。したがって、法は遵守（じゅんしゅ）しなければならないものだが盲従（もうじゅう）するべきものではない。

　そして、法を学ぶことの理想の到達点は、君たち一人ひとりが、所属する集団のみんなを幸せにできるような「ルールを創れる人」になることなのである。

法学と法律学

　ここで少し言葉の説明をしておこう。「**法律学**」という場合には、憲法や民法など、個々の法律を学ぶことを指す（**実定法学**とも呼ぶ）場合が多いが、「**法学**」という場合には、個々の法律を成り立たせる理念などを考える法哲学や、法の形成の歴史を学ぶ法制史などという、いわゆる**基礎法学**の部分を含み、さ

らに、法律全体の分類（成文法と不文法とか）や、解釈方法、適用順序などを教える部分（ここでは、「法学プロパー（固有）」の部分と呼んでおく）を含む。基礎法学と実定法学は、医学でいう基礎医学と臨床医学にも対比されるもので、実定法学を発展させるには基礎法学の素養が欠かせない。少なくとも学問的に法律を学ぶ人には、ぜひその重要性を認識していただきたい。

さて、問題は上記の法学プロパーの話である。これは法律を学ぶ上で確かに必要な知識なのだが、そこだけ聞いても、まず授業は面白くない。中身もわからないのに分類を教えられて面白いはずがないのである（だからこの教科書では、このプロパーの部分は最後のほうに付け加えている）。どうか読者諸君は、この部分の授業だけ受けて、法学というのはつまらない学問だと誤解しないでいただきたい。法学も法律学も、「人間」と「社会」を知ろうとする人には本当に面白い、奥の深い学問なのである（そのうえ、法律には知らないと損をしたり、不幸な人生を送ることになる部分がある。学問的にも、実利からしても、君たちが法律学を選んだことはたいへん良いことだと自信を持って言える）。

法のテーマパークへ

おっと、話がなにやら難しくなりかかってきた。とにかくここから、法の世界の探検に入ろう。本書は、いわば、ひとつのテーマパークを楽しんでもらうという趣向で構成されている。案内役として心がけるのは、なにしろ一回りしてきたら、君たちにいろいろと今後の生活に役に立つ情報が得られていること、そして、「法学って結構おもしろい」と思ってもらえることである。

では、**ようこそ、法学の世界へ！**

知っておこう法律の言葉

意思と意志

　法律では、「意志」ではなく「意思」と書く。とりあえず、「意志」は、物事をなしとげようとする積極的な志をいう言葉で、これに対して「意思」は、志の強弱は問わず一般的に、考え、思い、という意味と理解しよう。法律的に自分の考えを相手に伝えて、何らかの法的な関係を作り出すものを、「**意思表示**」と呼ぶ。

善意と悪意

　法律では、善意とは事情を知らないという意味で、悪意とは事情を知っているという意味である。したがって、善意の人といっても「いい人」という意味ではないし、「悪意の人」というのも、悪気があるわけではない。悪気があって誰かを邪魔したり陥れようとするのは、「**害意**」という。

より **深**く **学**びたい人へ

① **もう少し**
考えてみよう

なぜ「自分たちの間では赤信号が進めで青信号が止まれにしよう」と約束するのがダメで「私たちの間では売った品物に傷がみつかっても返品はできないことにしよう」と約束するのは OK なのか（本来民法では、売買契約の目的物に傷とか欠陥が見つかって契約に適合しないなら、修理や取り替え、あるいは損害賠償の請求などができると規定している）。こういうことをしっかり考えてみよう。

「だって赤信号で進んだらほかの車や歩行者にぶつかって事故が起こってしまうでしょう」とすぐに誰かが答えてくれるだろう。そのとおりである。ではなぜ売買契約のほうは法律に書いてあることと違うことを取り決めていいのか。これも答えは簡単なのだが、どうだろうか。

「売買契約は、売主と買主の間の約束で、それをどう取り決めても周りの人には迷惑を及ぼさないからでしょう」と答えてくれる人がいたら、大拍手である。きみは法律のセンスがある。

実はこれだけのことから、ずいぶんいろいろなことが見えてくるのである。

② **人々が**
より快適に
生きるための法

読者の中に運転免許を持っている人がいたら、飲酒運転や信号無視はとんでもないけれど、駐車違反や一時停止違反で警官に捕まって、内心かなり不愉快に思った人もあるかもしれない。けれども、「人はかならず間違いを犯す存在で、交通事故を減らすためには、皆で決めた共通のルールを小さなことから守ってもらうことが大事なのだ。それが国民生活の平和安全につながるのだ」と考えたら、納得がいくと思う。人々がこの社会で生きていくための共通ルールは、「守ってもらわなければならない」のである。だから道路交通法はすべて強行規定であり、また守ってくれない人のために罰金の規定なども置かれているのである。

そして、そういう法律については、「自分は知らなかった」と言って適用をまぬかれるわけにはいかない。もっとも、法律は国会で制定されて公布されると官報に掲載されて（また新聞報道などがされて）国民に知らされるのだが、実際には一般の国民が官報などを読むわけではない。だから、法律を学んでおくと、思わないことで人生に不利になったりすることがなくなる、というわけである（法律以外の都道府県の条例などについては第14章で学ぶ）。

③ **相手を決めての**
ルール作り

一方、A さんと B さんの間の契約は、その二人の間での約束事で、他の人（法律の世界では「第三者」という）には影響を及ぼさないものである。そしてそれは自分たちの意思で決めたものなのだから、それを自分たちの責任で守るのである（意思自治の原則という。くわしくは次章参照）。だから、反社会的な内容でなければ、どんな契約を結んでも良い（これを契約自由の原則という。反社会的な、たとえばお金をやって泥棒をさせる契約などは、もちろん刑法上の罪になる場合もあるし、民法では公序良俗違反の法律行為といって、無効つまり法がとりあわない、ということになる）。

**4 他人に影響する
ルールは
どうする**

　では、人々が相手を決めてした約束事から出てきたことは、すべて自分たちの中のことで、周囲の人々には影響を及ぼさないかというと、実はそうではない。Aさんが「この土地を1000万円で売る」と言い、Bさんが「その土地を1000万円で買う」と言ってある土地の売買契約が成立したとする。その結果、その土地（甲土地と呼ぶ）がBさんのものになった。ここまではいい。では、それで世間の人には何も影響がないだろうか。たとえばその甲土地を直後に別のCさんがAさんから買おうとしているとする（いけないことだがこのような二重売買は世の中に起こることである）。こういうときに、Bさんはその甲土地はもう自分のものになっている、ということをどう証明してCさんに自分の権利を主張する（法律では「対抗する」という）ことができるのだろうか。

　つまり、自分がある不動産すなわち土地や建物の所有者になった場合には、それを世間の皆に知らせて自分の権利を守れなければならないはずである（自分の土地に他人が勝手に入り込んだら、これは僕の土地だから出ていってくれ、と言える）。こういう場合に、自分の権利を証明して世間の誰に対しても対抗できるためには、やはり法律が定めた手続きを踏んでおかなければならない。それが、不動産の場合は「登記」という手段なのである（一般の品物〔民法では動産という〕の場合は引き渡しを受けておけば対抗できる）。このように、不動産の取得などの場合も、知らないと大変な損失をこうむることがある。

**5 法律に対する
意識を
高めよう**

　「自分たちの約束事と社会の他の人々とのかかわり」というのが法学ないし法律学の大きなテーマだということがわかってきただろうか。「じゃあ結局、社会の共通のルールというのは自分たちとは関係がないところで作られているんだから興味がない」という人がいたら、それは大きな間違いである。法律を制定するのは国会の仕事、そこで法案に賛成したり反対したりする国会議員は、国民から選挙で選ばれている。大学生になり、成人になったら、どういう法律を作ってくれる人を国会に送りたいのか、皆が選挙でしっかり主権者意識を持って投票行動をすべきである。

　次に、出来上がって施行された法律を守るかどうか、ということについても、「きまりを守らないのは悪いこと」などと小学生のようなことは言わずに、守らないとこの世の中はどうなるのか、という発想で考えていこう。

　それから、法律は結局ああしてはいけない、こうしてはいけないと規制をかけることばかりだ、というふうに先入観をもって見るのもやめてほしい。初学者に教えるのは難しすぎるので詳しい話はやめておくが、たとえばなかなかお金が回らない中小企業を助けるために、そのための法律や制度を作って資金の調達をしやすくして助けることも行われている。つまり、取引を規制するのではなく促進する法律もあるのである。

　だから、法律を学ぶことは、自分のためにもなるけれど（もちろんそれは大事なことだ）、同時に世のため人のためになる、と思ってほしい。具体的には、次の章からいくつかの主要な法律について必須の知識を学んでもらうことにする。

課 題

この章のテーマをさらに
深めるために

　課題といっても、初回の授業から宿題を出すほど野暮ではない。次の、実際にヒゲ先生が経験した例から、「法を守ることの意識」ということを考えてみよう。

　ヒゲ先生が若いころフランスに留学した時の話である。パリのカルチエラタン（大学の集中している学生街）では、さすがに大通りではそんなことはないが、ちょっとした細い道だと、横断歩道の信号が赤でも、歩行者は集団で自動車を制して渡ってしまうことがよくある。もっとも、よく見ると、歩行者は必ず運転者の目を見て、アイコンタクトを交わしている。一方、旅行先のドイツでは、夜、近くに車がこないことを確かめて赤信号の横断歩道を渡ったら、50メートルほど遠くから走ってくる（横断を終えるまでには絶対到着しない）自動車に、クラクションを鳴らされて仰天した。

　これは、フランスとドイツの国民の法に対する意識の違いを表しているように感じられて面白い。ドイツでは、交通ルールは社会の秩序を維持するための「公」のルールとして意識されているのであろう。これに対してフランスでは、交通ルールはもちろん守らなければならないのだが、歩行者と運転者のお互いの意思による「私」の自治で、その場で危険がなく合意が成立するのならそれを優先してもよい、といった風潮があるように感じられるのである。善し悪しは別として、君はどちらに共感する？　友達同士で議論してみるとよい。

へえ、法律にもいろんなものがあるんだな。
出だしはちょっと期待できそうじゃん。

ヒゲ先生、法学ワールドの全部がわかっているわけではないからって言って、次回からいろいろな先生をゲストで連れてくるんですって。それも楽しみ！

本当に俺たちの学生生活に役だつ話が出てくるんなら、俺、いや、ぼくも履修してみよう。かなえさん、よろしく！

希望くんがバイト先のコンビニの奥にある休憩室でお弁当を食べていると、バイト仲間の翔くんがいつになく深刻な顔をして入ってきた。

ノゾム、ちょっといい？
相談があるんだけど。

ん？　どうしたの？

実はさ、この前、英語上達のためにと思って、「英語が24時間でペラペラになる！」っていう学習用のパソコンソフトを買ったんだ。10万円で。

じ、10万円!?　なんでそんなソフト買ったの？

それがさ、街を歩いていたら、女性に声かけられて、いいソフトを紹介するからって説明を受けているうちに、「英語しゃべれる人ってステキ！」とか言われて、ついその気になっちゃって……10万円は分割で、月1万円ずつ支払えばいいからって言われて、買うって答えちゃった。それで、契約書にもサインしちゃったんだ。

今回の講義は
原　恵美先生
民法担当

なんでそんなのにひっかかっちゃうんだ？
調子に乗るからだよ〜。

なんでって、その場では断れない雰囲気ってあるでしょ。でも冷静になって考えてみたら、そんなの高くてとても払えないよ！　それで、その女性に連絡してキャンセルしようとしたけど、もう電話がつながらなくなってるんだ。
どうしよう？

あっ！　そういえば、ヒゲ先生が言ってたんだけど、今度担当する先生が、契約しちゃってもキャンセルできる場合とかを教えてくれるらしい。まさか、こんなすぐに役立つとは思ってなかった。
講義の後に教えるから、待ってろよ！

第2章のポイント

● 契約ってどんなもの？

● 契約自由の原則ってなに？　禁止される契約ってどんなもの？

● 未成年だと契約は取り消せる⁉

● 契約をだまされたり、おどされたりして結んでしまった場合
　はどうなるの？

どうして約束は守らなければならないのか？

翔くんは、高い英語の学習教材を買うことにしてしまって困っている。なぜ「困っている」のかというと、買うことにしてしまった以上はその約束は守らなければならないが、どうにも守ることができないと悩んでいるからだ。物を買う約束のことを、法律上「契約」、その中でもとくに「売買契約」というが、そもそもどうして契約は守らなければならないのだろうか。

まず、社会の中での個々人の経済活動について単純化して考えてみよう。学生のバイトや社会人として職に就くと、働いて給料をもらう。もらった給料は、何か商品を買うことに費やされる。人の経済活動とは、お金をもらってそれを使うことの繰り返しといえる。給料としてもらう金額や仕事内容は契約（雇用契約）によって決まるものだし、また、商品をいくらで買うかということも契約（売買契約）で決まる。このように、現代における社会の基本的な経済活動はすべて契約の上に成り立っているといえる。したがって、契約を守らないと市民社会の生活秩序が維持できないのである。

次に、一人ひとりの個人が契約を守らなければならない理由を考えると、当事者が自分の意思によって相手と合意した上で契約しているのだからこそ、その契約は尊重されなければならないといえる。これは「意思自治の原則」とか「私的自治の原則」と呼ばれる（以下では、「意思自治の原則」と呼ぶ）。言い換えれば、自分の自由意思で望んで入った関係なのだから、その関係に拘束されて当然だということである[1]。第1章で登場したように、対等な当事者の間で行われる契約を規律する法律が民法であり、民法ではこの意思自治の原則が大原則となる。

*1　ただし、契約が締結されたときに基礎とされた事情に、契約当時予想できなかったような大きな変化があった場合には、それに応じて契約の内容が変更されることを認めるべき場合がある。これを「事情変更の原則」という。大きな変化とは、たとえば、戦争が起きた場合や急激なインフレの進行というような社会的事情の急激な変化である。

契約とは？──契約の法的な説明

これまで「契約」という言葉の意味について特に説明することなく話を進めてきた。そこで、「そもそも契約ってどんなものだろう」と疑問に思っている人もいるだろう。「契約」が出てくる具体的場面、たとえば「物の売り買い」や「部屋を借りる」ときに「契約」というものが締結されるらしいということはイメージしやすいのではないだろうか。しかし、「契約」はこれらに限られず、膨大な数が社会のあらゆる場面に登場してくる。朝起きてから、寝るまでの日常生活を考えても、起きてシャワーを浴びられるのは、給水契約を市町村（水

道局）と結んでいるからである。また、食事を作るためには、スーパーなど食材の販売者との間で食品の売買契約を結ぶことが必要である。他にも、電車で移動できるのも、鉄道会社との契約があるからだ。そこで、「契約」は、法的にどう定義されるのか、ここで考えてみよう。

　法的に契約を定義するときには、「意思表示」と「法律行為」という２つの概念が必要になる。耳慣れない言葉かもしれないが、民法という法律を理解する上でも重要な概念なので、なるべくわかりやすく説明してみたい。

　民法は、前述した意思自治の原則からわかるように、人がその意思によって周囲の人との生活関係を築くことを基本とする。そして、まず、そうした意思を個人が表明することを「意思表示」と呼ぶことにした。意思表示は、法的な効果発生につながる内容をもつものでなければならない。「家にある村上春樹全集をきみに１万円で売るよ」というのは、前頁にでてきた売買契約を成立させようとする意思表示だが、「きみが大好きだ」という愛の告白は、それだけでは法的な関係はできないから、民法でいう意思表示ではない。もっとも、「（きみが大好きだから）結婚してください」というところまでいけば、婚姻関係を成立させようとする意思表示になる。以上より、意思表示とは、「法的な効果を発生させよう（法的関係を作り出そう）として自分の意思を表明すること」である。

　つぎに、民法は、そういう「意思表示によって、誰かとの間にその意思通りの法的な効果を生み出す（法的関係を作り出す）こと」を「法律行為」と呼ぶことにした（だから、法律行為は「行為」とは名前が付いていても身体の「行動」を意味するわけではない）。とりあえず言葉としてはこれだけわかっていてほしい。

　そうすると、１人が村上春樹全集を１万円で売ると言い、もう１人がそれを１万円で買うと言うと、村上春樹全集の売買契約が成立し、全集を引き渡せという債権と、お金を払えという債権が発生する。つまり法的な関係が２人の間に成立する。これが契約であり、そしてこれは法律行為ということにもなる。だから、「意思表示が２つで契約が出来上がり、それは法律行為と呼ばれる」、ということになる。

法律行為 ≒ 契約

　実は、少し乱暴な言い方だが、難しいことは考えず、法律を勉強していて「法律行為」という言葉が出てきたら、それを「契約」に読み替えると、だいたい

の場合正解である。契約以外には、「意思表示がひとつで法的な効果が生じる
法律行為」というのがあり、これがたとえば遺言[*2]である。遺言は、法が、亡
くなった人の最終意思（死亡に一番近い時点ではっきりわかっている意思）を実現
させようとするものだから、たとえばXさんが遺言書に「私の持っている○○
番地の土地をYにあげる」と書いておくと、Xさんが亡くなった際にYさん
にその土地を贈与する法律効果が生じるのである。こういうものを、1人の意
思表示なので「単独行為」と呼ぶが、法律行為の重要かつ大半を占めるものは、
契約であるといってよい[*3]。

*2 「遺言」は一般的には「ゆ
いごん」と読むが、法律家は
「いごん」と読むことが多い。

*3 法律行為には、このほ
か、会社設立などの場合の
「合同行為」というのもあると
学者は説明するが、そこまで
は詳しく勉強しなくてよい。

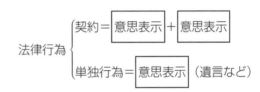

以上のことがわかれば、契約というものが法律上どのように定義づけられる
か理解するのも難しくないだろう。すなわち、契約とは、「**当事者の意思表示
が相互に同じ内容で合致することによって成立する法律行為**」ということにな
る。村上春樹全集の売買の例を用いれば、「売るよ」という意思表示と「買う
よ」という意思表示が合致して、契約という法律行為が成立しているといえる。
この点については、次の契約の成立のところでさらに詳しく話すことにしよう。

法学はたしかに暗記の学問ではないが、法律の世界で利用される共通の用語
がある。それらの用語に対する理解は最低限必要になる。ここではまず、契約
の特徴を理解するキーワードであり、また民法の基本でもある「意思表示」と
「法律行為」について理解していただいたわけである。

契約が成立するためには？──契約の成立要件

契約が成立したといえるためには、当事者の間で合意が必要である。この
「合意」とは、上記の法律的な説明を使えば、「申込み」と「承諾」という2つ
の意思表示が合致することをいう。具体的には、あなたが友人Aからイルカの
絵を買い受けるという場合に、あなたの「イルカの絵を買います」という意思
表示が「申込み」になり、友人Aの「イルカの絵を売ります」という意思表示
が「承諾」ということになる。そして、この2つの意思が一致すると契約は成
立し、その契約に当事者は拘束されるということになる。

ところで、ほとんどの契約では、その成立には合意さえあれば十分である。

どういうことかというと、合意さえあれば、それがどのような方式でなされるかについては特に制限がないということである（合意だけで成立する契約のことを諾成契約という*4）。ただし、それでも、後でもめ事が起きるのを回避したりするために「契約書」が作られることも多い。

＊4　ごく一部には、お金の貸し借りなどの消費貸借契約のように、合意だけでなく目的物を渡してはじめて成立する要物契約というものもある（民法587条）。

　翔くんのケースに話を戻すと、翔くんは、女性の「英語の教材を売ります」という意思表示に対して、「買います」と意思表示している以上、（売買契約は諾成契約だから）契約は成立しているといえる。契約書は契約が成立していることや契約の内容を示す書類にすぎない*5。

契約が成立すると？——契約の効果

＊5　ここで言いたいのは、契約の成立には意思の合致があればいいのであって、書面があるかないかは問題とならないということである。もっとも、仮に契約を結ぶ当事者が「契約書にサインしたときに契約が成立する」というように合意していれば、契約の規定は第1章で学んだように任意規定であるから、当事者の作ったルールのほうが優先し、それはサインした時点で成立したことになる。

　契約が成立すると、その内容通りの権利・義務が発生することになる。AがBに絵を売る契約が成立した場合を例にとって説明しよう。図を参照していただきたい。まず、AはBに絵を引き渡す義務を負うことになる。その代りに、Bから代金を受け取る権利がある。逆に、Bは、Aから絵を受け取る権利があるが、代金を支払わなければならない義務がある。

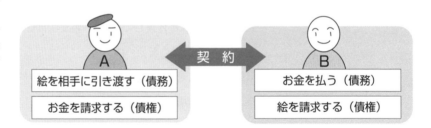

　このように、特定の人に特定の行為を請求する権利を「債権」という。そして債権を有する人を「債権者」という。逆に、債権者に対して負う義務のことを「債務」といい、その債務を負う人を「債務者」という。⇨コラム　物権と債権

契約はみんな自由に結べるもの！

　冒頭で、市民社会の根底には、自分の自由意思に基づいて周囲の人との生活関係を作れることが必要であると述べ、それを意思自治の原則として説明した。これを具体的に「契約」の側面からみると、国家などに干渉されることなく自由に契約を結ぶことができるという、契約自由の原則がある、というように表現できる。契約自由の原則は、意思自治の原則の帰結といえる。

　さらに詳しく契約自由の原則についてみていくと、2つの側面があることが

わかる。それは、締結の側面と内容の側面である。

　まず、締結については、人は契約をするかしないかについてなんら強制はされないということである。具体的には、契約を締結するもしないも自由であるし、契約を締結する相手は自由に選択できる。次に内容については、千差万別、どんな内容の契約も自由に形成できるというものである。ただし、これらの自由には、現実には限界がある[6]。

　もうひとつ、一度締結した契約については、国が法的に保護してくれるということも述べておく必要がある。具体的には、裁判所において、契約が存在しているかどうかを確認したり、契約を実行するように請求したりすることができることを指す。自由に締結した契約を国家が保護してくれないと、「契約自由の原則」といったところで、絵に描いた餅になってしまうからだ。

*6　たとえば、消費者は企業があらかじめ作成した契約条項（約款という）でできあがっている契約書にサインするだけで、契約内容を交渉で決める自由が実際にはない。電気やガスの契約では、相手方を選ぶ自由もない（もっとも、電気やガスなどの契約では、契約内容を一律に決めておくことに合理性もある）。

ただし、認められない契約もある

*7　もっとも、民法はそういう契約をした人を罰することはしない。それは第6章で学ぶ刑法の仕事であり、民法はただそのような契約を法律上まったく効力のないものとするだけである。

　契約は自由といっても、もちろん限界がある。そこで、認められない契約について簡単に説明しよう[7]。まずは、法が絶対に従わなければならないとする規定に反するような契約をあげることができる。たとえば、刑法199条では、「殺人」を処罰している。すると、殺人を依頼する契約を結んだとしても、それは刑法で罰している行為に関する契約であるため、民法上も無効である。

　また、法律上明確に規定されていないとしても、社会的にみて認めるべきでない契約は、上記の殺人契約などと同様に、「公序良俗に反する契約」として**無効とされる**。民法は、90条において、「公の秩序又は善良の風俗に反する法律

物権と債権

　債権は人に対する権利であるが、人は物に対する権利（物を直接に支配できる権利）も持っている。それを「物権」という。物権の代表格は、所有権である。所有権とは、物を全面的に支配する権利である。日常的に「土地を所有している」とか「車を所有している」という形で使われているのでイメージしやすいのではないだろうか。全面的に支配しているので、誰かが無断で土地に侵入したり、車を壊したりするとその相手がだれであろうと侵害をやめるように請求できる。

　以上のような物権と債権を比較すると、債権の特徴は次のようなものである。すなわち、債権は特定の人に請求する権利にとどまるので、たとえ

ば、歌手が同じ日の同じ時間にコンサートを開くという契約を2つ結んでいた（いわゆる「ダブル・ブッキング」）としても、一方のコンサートの主催者が他方の主催者を排してコンサートを開くように請求することはできない。後日、損害賠償を請求し、金銭で賠償を受けるにとどまる。

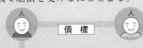

民法120条

1項 行為能力の制限によって取り消すことができる行為は、制限行為能力者（他の制限行為能力者の法定代理人としてした行為にあっては、当該他の制限行為能力者を含む。）又はその代理人、承継人若しくは同意をすることができる者に限り、取り消すことができる。

2項 錯誤、詐欺又は強迫によって取り消すことができる行為は、瑕疵ある意思表示をした者又はその代理人若しくは承継人に限り、取り消すことができる。

民法121条
取り消された行為は、初めから無効であったものとみなす。

行為は、無効とする」と定めている。たとえば、既婚男性がある女性に対して、自分の愛人になってもらうために金銭を提供するという愛人契約を結んだとしても、このような性道徳に反するような契約は、「無効」であり、はじめからなかったことになる（民法90条）。

では、「無効」とは、具体的にはどのようなものだろう。わかりやすくいえば、法が当事者のした法律行為などをとりあってくれないということだから、契約が無効だと、**最初から何の効果も発生しない、契約がそもそも存在していないものとみなされる**。そして、無効と判断されると、法律行為によって生じた権利・義務はなかったことになり、すでに物や金銭が支払われたりした場合には、それを元に戻すことになる（原状回復という）。⇨ **コラム みなす・推定する**

同じように、効果を否定する制度として、「取消し」がある（民法120条、121条）。これは、**取り消されるまでは一応法律行為は有効であるが、いったん取り消されると、さかのぼって無効になる**というものである。無効は何もしなくても効力を持たないが、取消しの場合は、取り消すという別の行為があって初めて契約の効力が否定されるのである。

成立した契約から解放されたい！

＊8　成年年齢は以前は20歳とされてきたが、2022年4月1日から18歳となった。これは、近年、公職選挙法の選挙権年齢などが18歳と定められるなど、18歳以上を大人として扱うという政策が進められてきたことを踏まえ、市民生活に関する基本法である民法においても、18歳以上を大人として取り扱うことになったからである。ただし、飲酒については未成年者飲酒禁止法（1922年）、喫煙については未成年者喫煙禁止法（1900年）において20歳と定められており、民法が改正されて18歳となってからも、20歳のまま維持される。

契約は自由な内容で作り上げることができるが、いったん締結されると以後それに拘束されるというのが大原則であった。しかし、そのためには自由に意思形成し、それを人に伝えることのできる能力が必要である。そのような能力がない人やだまされたり脅されたりして契約を結んだ場合にも、契約は守らなければならないのかというと、そうではない。

●未成年の場合は？

実は、翔くんが18歳未満の未成年だった（民法4条は、18歳をもって成年とする）＊8 とすると、**未成年だからという理由で契約を取り消し、契約をなかったものにできた**（「未成年者取消権」）。民法は、未成年者が契約などの法律行為をするときには、法律で決められた代理人（「法定代理人」という）である親の同

みなす・推定する

法律で「みなす」というのは、法がそうだと決めてしまう、ということである。これに対して「推定する」というのは、とりあえずそうだとする、ということで、事実はそうではないという証明があれば、くつがえるものをいう。次の章では両方出てくるので探してみよう。

column

法令名は、それぞれ「二十歳未満ノ者ノ飲酒ノ禁止ニ関スル法律」と「二十歳未満ノ者ノ喫煙ノ禁止ニ関スル法律」に変わっている。

民法5条

1項 未成年者が法律行為をするには、その法定代理人の同意を得なければならない。ただし、単に権利を得、又は義務を免れる法律行為については、この限りでない。

2項 前項の規定に反する法律行為は、取り消すことができる。

3項 第1項の規定にかかわらず、法定代理人が目的を定めて処分を許した財産は、その目的の範囲内において、未成年者が自由に処分することができる。目的を定めないで処分を許した財産を処分するときも、同様とする。

民法93条

1項 意思表示は、表意者がその真意ではないことを知ってしたときであっても、そのためにその効力を妨げられない。ただし、相手方がその意思表示が表意者の真意ではないことを知り、又は知ることができたときは、その意思表示は、無効とする。

2項 前項ただし書の規定による意思表示の無効は、善意の第三者に対抗することができない。

民法94条

1項 相手方と通じてした虚偽の意思表示は、無効とする。

2項 前項の規定による意思表示の無効は、善意の第三者に対抗することができない。

意を得る必要があり（民法5条1項）、同意なしに行った場合には、本人または親が、その法律行為を取り消すことができるとする（民法5条2項）。したがって、翔くんが未成年であり、親の同意なしに英語教材を購入した場合には、後日、翔くん自身であるいは翔くんの両親が、英語教材の売買契約を取り消せることになる。しかしながら、民法改正（平成30年公布、令和4年施行）によって、未成年者取消権が18歳未満でないと行使できなくなった。

そして、先ほど、無効と取消しについて説明したが、その説明からわかるように、未成年者が親の同意なしにした契約の効果は「取消し可能」であるものの、取り消されるまでは一応有効である。したがって、親の同意なしにした売買契約を親があとから認める（「追認」という）ことも可能である。

●いくら大人は自己責任といっても、だまされたり、脅されたりしたら？

契約に拘束される根拠は、自分の自由意思で望んで合意した点にあると繰り返し述べてきた。すると、望んでもいない契約をしてしまった場合には、その契約に拘束されるべきではない。これは、未成年であろうが成年であろうが関係なく問題になる。そこで以下では、契約から解放される場面について説明しよう。

まず、たとえば冗談で、「俺の別荘を100円で売ってやろう」と言ったような場合である。冗談で言ったのだから、本当に売る気などまったくない。このように、意思表示した者が、真意ではないことを自覚しながら意思表示をする場合のことを「心裡留保」（民法93条）という。この場合、お互いに冗談だと思っていたら、契約をする意思がない以上、契約は無効である。しかし、相手が本気にした場合には、相手に迷惑をかけることになるから、無効にできない。

また、たとえば、借金の取り立てに追われているAが友人Bに相談して、自分が持っている土地をその友人に贈与したことにして、借金の返済にあてることをさけるような場合（いわゆる「資産隠し」）がある。この場合も、本当はその土地を友人に贈与する意思などないし、相手ももらうつもりなどないわけだから、契約は無効である。このように、相手と相談して（「通謀して」という）、外から見ると契約があったかのように仮装することを「虚偽表示」（民法94条）という。

気をつけなければならないのは、虚偽表示であるにもかかわらず、友人BがAを裏切り、何も事情を知らないCにその土地を売ってしまった場合である。この場合でもAは契約を無効にできるだろうか。民法94条2項は、Cが事情を

知らない場合には、Ｃを保護するために、ＡはＣに対して虚偽表示だから無効であるとの主張ができないと規定する＊9。

　ちなみに、すでに学んだように、民法では、事情を知らないことを「善意」といい、逆に事情を知っていることを「悪意」という（⇨13頁コラム）。だから、「事情を知らないＣ」というのは、「善意の第三者」ということになる。ここでの善意・悪意は道徳的なものではないことに注意したい。

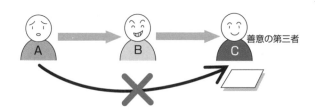

　心裡留保も虚偽表示も、最初から契約をする意思などなかった以上、契約は「無効」である。このように、意思がないことを「意思の不存在」という。心裡留保と虚偽表示の違いは、心裡留保は、意思表示をした人が一方的に嘘を言っていたが、虚偽表示になると、相手と通謀して嘘をつくものである。

　このような意思の不存在の場合以外にも、（意思はあるけれど）その意思表示にキズ（瑕疵）があることが原因で契約から解放される場合がある。それは、詐欺にあった場合や強迫＊10された場合である（民法96条）。つまり、だまされたり、強制されたりして契約してしまった場合である。なぜこれらの場合に「意思表示に欠陥がある」というのか。まず、「詐欺」の場合を例に考えてみよう。たとえば、悪徳販売業者が、粗悪な羽毛布団であると知りながら、最高級の羽毛布団だと偽って布団を売っていた場合に、買った人は購入する意思はあるが、その意思は「最高級の羽毛布団」であるという間違った認識の上に成り立っている。他方、強迫とは、たとえば、包丁を突きつけられた状態で宝石を買えと強制された場合であるが、この場合も宝石を買う意思はあるものの、強制された意思であるといえる。

　以上のように、詐欺と強迫の場合は、一応意思表示はあるものの、誤った情報をもとに形成された意思であったり、あるいは無理やり形成された意思であったりして、意思表示にキズがある場合である。このようにキズがある場合のことを「意思表示の瑕疵」という。先ほどの「意思の不存在」とちがって、意思はあるけれど、意思表示にキズがある場合であることに気をつけてほしい。先ほどの虚偽表示のような「意思の不存在」の場合と異なり、「意思表示

の瑕疵」の場合、意思は一応あるのだから、契約は無効にはならない。しかし、意思表示にはキズがあるのだから、当事者が取り消すことを望めば、取消しが認められる（96条1項）。

そして、さらに気をつけなければならないのは、詐欺による取消しの場合は、虚偽表示の場合と同様に、善意の第三者には対抗できない（96条3項）。AがBにだまされてBに土地を売ってしまった後に、BがCに土地を売ったとしよう。BがAをだまして土地を手に入れたということをCが知らない限り、AはCに土地の返還を求めることはできない。

以上、意思の不存在や意思表示の瑕疵の場合に、表意者（＝意思表示をした人）は契約から解放され、保護されるが、ただしそれは常に保護されるのではなく、契約の相手方の状況にも配慮して、一定の場面でのみ保護されることがわかる。このように、契約の相手方やその他の第三者の状況に配慮することを、「取引安全の保護」という。民法は、意思表示をした人の保護を考える場合に、取引安全にも目を向けて、バランスを図っているということがわかる。

契約から解放される場面としてもう1つ重要な制度がある。それは「錯誤」である。たとえば、表意者は、ペットショップでチワワ（犬）を購入しようと申し込んだつもりが、用意されていた申込用紙がパグ用のもので、それに申し込んでしまった場合、パグを購入するつもりはまったくないのだから、その契約を取り消せる。このような思い違いのことを錯誤という（民法95条）。

錯誤には、以上のように、パグを買う意思がまったくないのに意思表示をしてしまったような意思の不存在の場合（95条1項1号）以外にも次のような場合がある。たとえば、表意者は血統書付きのチワワだと思って買った犬が、実は雑種犬だったという場合である。このような場合、表意者にその犬を購入する意思はあるが、購入の動機の部分（この場合、犬の性状）に勘違いがある。民法は、動機のような「法律行為の基礎となる事情」（＝基礎事情）に錯誤がある場合、その基礎事情を契約の相手に伝えていれば、錯誤として取り消せるとする（95条1項2号）。犬を購入する意思がある以上、意思の不存在とは言えないが、動機に勘違いがありそれを相手に伝えていれば、（詐欺や脅迫と同じような）意思表示の瑕疵がある場合として、取り消しを認めるのである。

民法95条
1項 意思表示は、次に掲げる錯誤に基づくものであって、その錯誤が法律行為の目的及び取引上の社会通念に照らして重要なものであるときは、取り消すことができる。
1号 意思表示に対応する意思を欠く錯誤
2号 表意者が法律行為の基礎とした事情についてのその認識が真実に反する錯誤
2項 前項第2号の規定による意思表示の取消しは、その事情が法律行為の基礎とされていることが表示されていたときに限り、することができる。
3項 錯誤が表意者の重大な過失によるものであった場合には、次に掲げる場合を除き、第1項の規定による意思表示の取消しをすることができない。
1号 相手方が表意者に錯誤があることを知り、又は重大な過失によって知らなかったとき。
2号 相手方が表意者と同一の錯誤に陥っていたとき。
4項 第1項の規定による意思表示の取消しは、善意でかつ過失がない第三者に対抗することができない。

他の手段は？──特別法上のクーリング・オフという制度

以上は、民法の話であった。ここまでみてきたように、民法は市民社会の基本的な法律であり、市民社会に一般的に適用される法律である。したがって、たとえば物の売り買いが問題となるような売買契約は、原則的には民法で規律されることになる。翔くんが英語教材を買った相手の女性が、いらなくなった英語教材を売りつけようと思って、たまたま見かけた翔くんに声をかけたとすると、それは一般的な売買契約として民法の問題になる。しかし、同じ売買契約でも、たとえば、教材を売っていた女性がセールスウーマン（つまり「事業者」）の場合には、「特定商取引に関する法律」（特定商取引法）という法律の適用も問題になる。このように、限定された人や場面が問題になる場合に適用される法律のことを「**特別法**」といい、より広い人や場面に使われる法律のことを「**一般法**」という。したがって、民法は一般法であり、特定商取引法は、特別法ということになる。**特別法がある場合は、一般法に優先して特別法が適用される。**しかし、これはなにも特別法が「エライ」から優先するというわけではない。特別法はあくまでも特別な場面を規律しているから優先されるのであって、特別法の規定がなければ一般法の原則的な規定が使われることになる。

民法の特別法に当たるものは、他にも、会社について規律する会社法など技術性の高いものもある。他方で、社会的な弱者を保護するために制定されるものもある。なぜなら、**民法は対等な当事者が自由な意思に基づいて活動していることを前提としているが、**このような前提を貫くと実際には経済的・社会的に大きな不利益を受けてしまう人々がいるからである。先ほど、特定商取引法という法律をあげたが、それは「消費者」を「事業者」から保護する法律である。そのほかにも、労働者を保護する「労働基準法」や土地や家を借りるときに借りる人を保護する「借地借家法」がある。

そこで、特定商取引法によって翔くんが保護されないかどうか考えてみよう。そうすると、みなさんも一度は聞いたことがあると思われる制度によって翔くんは保護される可能性がある。それは、**クー**

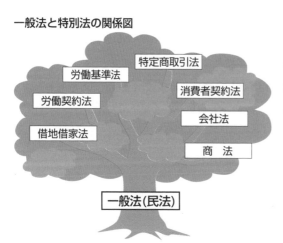

一般法と特別法の関係図

特定商取引法
労働基準法
労働契約法
消費者契約法
借地借家法
会社法
商　法

一般法（民法）

リング・オフというものである。特別法にこのクーリング・オフが規定されている場合は、それにより、民法では取り消したり、解除したりできない契約も、消費者保護の観点からなしにできるのである（詳しくは第3章で説明しよう）。

そうか！　オレはまだ18歳で未成年だから、契約を取り消せるんだ。助かったあ！

それは違う！　2022年4月1日からは18歳で成年だよ！　まあ、どっちにしても、法律に甘えないようにしっかりしないとね。それから、クーリング・オフについては、「消費生活センター」というところに行けば、どうすればいいか教えてくれるんだ。インターネットを使って最寄りの消費生活センターについて調べてみるといいよ。

ノソムって見かけによらず頼りになるねえ。ありがとー！

いいけど……「見かけによらず」は余計だよ……。

課題
この章のテーマをさらに
深めるために

●社会の高齢化がすすんでいる中で、判断力が低下してしまったお年寄りを保護するために、法律上、どのような制度が設けられているのか調べてみよう。

●民法が改正されたことで、18歳・19歳は、未成年者取消権が行使できなくなった。あとから契約が取り消されるリスクがなくなったことで、悪質業者による18歳・19歳を狙った被害が増えるのではないかと危惧されている。どのような被害があり、どのような対策が考えられるのかについて調べてみよう。

第3章 身近な生活の中で
民法（消費者法）

ノゾムさん、100万円のお布団なんて聞いたことあります？

えっ、なにそれ、金でできた布団？

うちのおばあちゃんが100万円もするお布団を買っちゃったの。おじいちゃんが亡くなってからずっと一人暮らしなんだけど、セールスの人がよく家に出入りしてたらしいの。おばあちゃん、さびしかったのか、お茶出したりお菓子出したりしてたみたい。

ついにぼくがかなえさんのお役に立てるときが来たな！そんなの心配ないさ、ほら、第2章の先生が言ってたじゃん。クーリング・オフすればいいだろ？

それがねぇ、契約したのはもう3か月も前なのよ。お母さんが、久しぶりにおばあちゃんの家に行って、あんまりキレイなお布団があるから気がついたらしいの。クーリング・オフって、購入してから8日間しかできないでしょう？
もう、どうしようもないのかしら……。

うーーん、それは困ったな……。

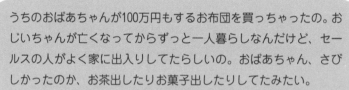

今回の講義は
前田美千代先生
民法、消費者法担当

第3章のポイント

- ●訪問販売を規制する理由
- ●クーリング・オフ期間って、契約の日からカウントするの？
- ●クーリング・オフ期間が過ぎてしまったら？
- ●消費者の取消権ってなに？

消費者法

●消費者法といえばクーリング・オフ⁉

　第2章で勉強した一般法と特別法の関係を思い出してみよう。近所の人同士でいらなくなった布団セット1組を売り買いするような場合は、対等な当事者間だから、一般的な売買契約として民法の問題になる。しかし、同じ売買契約でも、布団を売っていた人がセールスマン（「事業者」という）の場合には、**「特定商取引に関する法律」**（特定商取引法）の適用が問題になる。特定商取引法は、**消費者法**という法分野を代表する法律の1つである。消費者法とは、消費者保護に関係する法律をまとめて呼ぶときの呼び名であり、消費者法という名前の法律があるわけではないから注意しよう。

　かなえさんのおばあちゃんは、布団セット1組、100万円という内容の「売買契約」を締結している。しかも、業者が家にやってきて布団のセールスをする「訪問販売」により購入している。「訪問販売」は特定商取引法で規定されている。特定商取引法では、「訪問販売」のほかに「通信販売」など、消費者が被害を受けやすい取引類型について、事業者に行為義務を課し、適正な取引が行われるように規制するとともに、**消費者にはクーリング・オフや取消権を与えて保護**をはかっている。クーリング・オフとは、消費者が一方的に自由に契約をなかったことにできる権利である*¹。2021年特商法一部改正により、書面によるほか、電子メール、アプリトのメッセージ機能、事業者ウェブサイトのクーリング・オフ専用フォームの利用、USBメモリの送付などによるクーリング・オフが可能となった（2022年6月1日施行）。FAXでもよい。なお、クーリング・オフは、後に述べるように、8日間などの一定の期間内に行わなければならない。

　クーリング・オフをすると、以下の効果が発生する。①契約はなかったこと

*1　電子メールでクーリング・オフの通知を行う場合、事業者と消費者の間で、送った、届いていない、といったトラブルの発生が考えられる。事業者側で自動返信機能を導入して、消費者に対し速やかにクーリング・オフの受け付けを電子メール等で連絡することが望ましい。消費者の側では、書面による場合と同様、事業者がいつ誰としたどのような内容の契約がクーリング・オフされるのかわかるように、電子メールに必要情報（契約年月日、契約者名、購入品名、契約金額等）およびクーリング・オフの通知を発した日を記載しよう。また、クーリング・オフを行った証拠を保存するため、電子メールであれば送信メールを保存しておくとか、ウェブサイトのクーリング・オフ専用フォーム等であれば画面のスクリーンショットを残しておくのが望ましい。

になる（契約の撤回・解除）。②損害賠償金や違約金を販売業者に支払う必要はない。③すでに何らかのお金（「頭金」や「申込金」と呼ばれるもの）を支払っている場合は、その全額を返還してもらえる。④商品を受取り済みの場合、その引取費用は、すべて販売業者の負担となる。

●「訪問販売」を規制する理由

「訪問販売」それ自体は悪いことではなく、かなえさんのおばあちゃんのように高齢者や病気などで外出できない人にとっては、自宅に必要な商品を売りに来てくれるのはむしろありがたい。問題なのは、お店に自分から出かけて買い物をする場合（店舗販売）と比べると、訪問販売や通信販売のような無店舗販売の場合には、ちゃんと実体のある店かどうか、本当にその店のセールスマンなのかどうか、この人に支払いをしてしまって大丈夫なのかがわかりにくいことである（インターネット取引での詐欺やなりすましも同様である）。

⇨コラム 「なりすまし」による被害の保護

さらに、「訪問販売」の特殊性として、自宅という安住の場で、テレビを見ながらくつろいでいたり、食事の支度をしているところへ、販売員が突然やってきて、特に購入を検討していたわけでもない商品の購入を勧められるという不意打ち性がある。加えて、日本人特有のノーと言えない性格から、玄関先で4～5時間もねばられたりすると、根負けして購入してしまうという問題もある。そのため、特定商取引法では、消費者の自由な意思を保障するために、訪問販売業者にさまざまな行為義務を課し、また、店舗販売では認められていない一定期間のクーリング・オフや取消権を消費者に認めている[2]。

*2 クーリング・オフは、1972年に訪問販売による割賦販売に導入されて以後、各種の業法に拡大されてきた。現在では、特定商取引法（以下、特商法と略す）のほか、宅建業法（37条の2）、保険業法（309条）、金融商品取引法（37条の6）、ならびに、有料老人ホームの入居契約につき老人福祉法29条7項・8項（入居から3か月間）などに規定され、不意打ち性の高い取引のほか、継続的取引で選択が困難なものや眩惑的で欺瞞性の高い取引において認められる。

「なりすまし」による被害の保護

インターネットやコンピューターを介した取引では、相手方が見えないため、それを利用した「なりすまし」（別人になりすまして契約する）の問題が発生している。近年では、偽造・盗難キャッシュカードによるATMからの預金不正引き出しが問題となっているが、インターネットバンキングでも預金者本人になりすまして口座を操作するなどの危険が存在する。ATMからの不正引き出しの場合の銀行の責任については、2006年に施行された**預貯金者保護法***では、暗証番号をキャッシュカードに書き込むなどの重過失がないかぎり、偽造カードについては全額補償、盗難カードについても原則は全額補償、生年月日を暗証番号にしていて何度も変更を促されたのに変更しなかったなどの過失があれば75%が保証されることになった（だから、生年月日を暗証番号にしている人は、変更しておこう）。なお、この法律による保護は、カードによる機械払いにより損害を被った場合に限られるため、インターネットを介した口座取引におけるなりすましによる不正操作には適用がない。

*預貯金者保護法の正式名称は「偽造カード等及び盗難カード等を用いて行われる不正な機械式預貯金払戻し等からの預貯金者の保護等に関する法律」

●クーリング・オフ期間の起算点

訪問販売で布団を購入した、かなえさんのおばあちゃんの場合は、特定商取引法9条1項ただし書により、売買契約書面（5条1項）または申込み書面（4条）を受領した日から数えて8日間であればクーリング・オフにより契約をなかったことにできる。

訪問販売業者がこれらの書面を交付しなかった場合には、業務停止命令（8条1項）などの行政責任を負う可能性があり、また、100万円以下の罰金という刑事罰則も規定されている（72条1号）。これらの行政・刑事責任だけでなく、次のような民事法上の効果も発生する。すなわち、書面を交付しない限り、クーリング・オフの期間が進行を開始しないので、消費者は8日間という期限に関係なく、いつでもクーリング・オフすることができる＊3。

●事業者の違反行為

また、訪問販売業者がこれらの書面を交付しなかったり、その他の特定商取

＊3 2021年改正特商法の一内容として、事業者が交付する申込書面や契約書面の電子化があり、その施行時期は2023年6月15日までの政令で定められる。この施行後は、交付された電子契約書面等の到達時点がクーリング・オフ行使期間の起算点となる。

なお、クーリング・オフの効力発生時期は、書面または電磁的記録を発信した時点である（発信主義）（特商法9条2項、24条2項等）。クーリング・オフの連絡が実際に事業者に到達した時点ではないので注意しよう（意思表示の到達主義（民法97条1項）の例外となる）。

＊4 2012年の特商法改正で、「訪問購入」（高齢者などの自宅を訪れて、貴金属などを相場より安く強引に買い取る、いわゆる「押し買い」）もクーリング・オフの対象になった。

クーリング・オフ（特商法）のフローチャート＊4

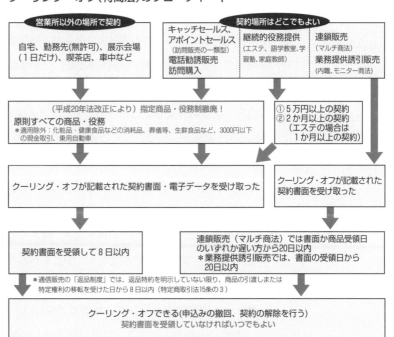

引法で規定された行為義務（業者の氏名等の明示義務など）を行わなかった場合には、主務大臣は、訪問販売業者に対し「必要な措置」を講ずることができる（7条）。この「必要な措置」には、消費者の被害を解消するための解約などを含む。だから、8日間が過ぎてしまったからといってすぐに諦めるのではなく、訪問販売業者から契約書面等を受け取っているかどうか、記載の不備はないかどうか、業者に違反行為がないかどうかを今一度確認してみよう。

●過量販売規制

特定商取引法9条1項ただし書

ただし、申込者等が第5条の書面を受領した日（その日前に第4条の書面を受領した場合にあつては、その書面を受領した日）から起算して8日を経過した場合（申込者等が、販売業者若しくは役務提供事業者が第6条第1項の規定に違反して申込みの撤回等に関する事項につき不実のことを告げる行為をしたことにより当該告げられた内容が事実であるとの誤認をし、又は販売業者若しくは役務提供事業者が同条第3項の規定に違反して威迫したことにより困惑し、これらによって当該期間を経過するまでに申込みの撤回等を行わなかつた場合には、当該申込者等が、当該販売業者又は当該役務提供事業者が経済産業省令で定めるところにより当該売買契約又は当該役務提供契約の申込みの撤回等を行うことができる旨を記載して交付した書面を受領した日から起算して8日を経過した場合）においては、この限りでない。

　かなえさんのおばあちゃんが訪問販売で購入したのは布団セット1組だったが、「親戚の方に」とか「お孫さんたちが泊りに来るときのために」などと言葉巧みに勧誘し、同じ布団セットを一人暮らしなのに30組も購入していたらどうだろうか。このように、高齢者の判断力の低下などにつけ込んで、不要な商品を大量に購入させられる被害事案が増加したため、2016年特定商取引法改正により、訪問販売における過量販売規制（9条の2）が導入され、2017年改正により電話勧誘販売でも過量販売解除ができるようになった（24条の2）。いずれも、訪問販売や電話勧誘販売における不意打ち性に着目して、クーリング・オフ規定の延長線上のものとして設けられたものだが、解除できる期間は、契約締結時から一年以内と長い（9条の2第2項、24条の2第2項）。だから訪問販売で8日間のクーリング・オフ期間が過ぎてしまったとしても、こうしたケースではまだ諦めてはいけない。

　特定商取引法の下での過量販売解除は、訪問販売・電話勧誘販売といった販売類型に限定されるが、消費者契約法（2016年改正）の下では、販売類型を問わず過量契約の取消しが可能となっている（4条4項）。過量契約には、一度の契約で通常の分量を著しく超えて大量に購入する場合のみならず（4条4項前段の単一過量型）、すでに同種の契約をしていて、さらに今回契約したことで両者の分量を合算すれば通常の分量を著しく超える場合も該当する（4条4項後段の累積過量型）。通常の分量がどのくらいかは、契約の目的となるものの内容や取引条件、さらには勧誘の際の消費者の生活の状況及びこれについての当該消費者の認識に照らして判断される。購入した消費者が、民宿の経営者でもない限り、一人暮らしで布団セット30組も必要なく、通常の分量を著しく超えることは明らかだろう。

●ネット通販はクーリング・オフできない！

　動画（Netflix 等）や音楽（Apple Music 等）の配信などサブスクリプション型

の定額制サービス契約（通称サブスク）の利用増加や、商品売買の場面でも、ダイエットサプリなどの健康・美容商品を中心に、「初回無料」と誘い込んで定期購入契約を締結させるトラブルの急増を受け、2021年特商法改正では、通信販売の表示規制を強化し、広告表示事項の追加・拡大が行われた（特商法11条4号・5号、12条の6）＊5。

ネット通販も、訪問販売と同じ無店舗販売であり、「通信販売」として特定商取引法の規制を受ける。⇨**コラム** 間違えてクリックした注文はどうなる？

自宅で必要な商品を購入できる利便性は訪問販売と共通するものの、対面性がない（訪問販売であれば業者と対面する）、購入前に商品の実物を確認できない（訪問販売であれば業者が持ってきた商品を目の前で確認できる）という点で訪問販売と異なる＊6。

非対面取引である通信販売では、商品カタログや通販サイトが、業者と消費者とのコンタクト手段となる。このため、カタログやサイトに掲載される商品について広告規制が行われている。たとえば特定商取引法12条では、著しく事実に相違する表示である**虚偽広告**や、実際のものよりも著しく優良・有利であると人を誤認させる表示である**誇大広告**が禁止されている。違反した場合には、事業者に対し、期間を定めて、広告表示の裏付けとなる合理的根拠を示す資料の提出を求めた上で（12条の2）、指示（14条）・業務停止命令（15条）・業務禁止命令（15条の2）が**消費者庁**より出される。虚偽広告や誇大広告を見て誤認し購入してしまった消費者が個別に取消権を行使して返金してもらう制度は今のところない。広告内容に関して後述する**不実告知**があったとして誤認に基づく取消権を主張できないか（特定商取引法9条の3第1項1号や消費者契約法4条1項1号参照）。従来、広告のように不特定多数人に向けられた形で

間違えてクリックした注文はどうなる？

コンピューターでの売買契約では、パソコン画面上でクリックを誤るなどの操作ミスにより、誤った商品を購入することになったり、個数を間違えて契約するといったトラブルが起こるようになった。このように、購入するという効果意思がないのに、間違えてクリックしたため購入するという表示をしてしまった場合、民法95条の錯誤による取消しを主張することが考えられる（錯誤については第2章参照）。しかし、95条3項では、表意者に重過失がないことを要件としているため、

間違えてクリックするなどというのは表意者の重過失とされ、錯誤取消しの主張ができないことになる。そこで、2001年に施行された**電子消費者契約法**＊では、事業者と消費者の契約において、事業者が意思確認措置を画面上で提供していなかった場合には、民法95条3項を適用しないことが定められた（同法3条）。
＊電子消費者契約法の正式名称は「電子消費者契約及び電子承諾通知に関する民法の特例に関する法律」

一定期間内なら契約解除可	クーリング・オフ	返品制度
特約による排除・制限	強行規定 特約による排除・制限　不可	任意規定 特約による排除・制限　可
返品費用	事業者負担 （9条4項等）	購入者負担 （15条の3第2項）
行使期間の起算点	クーリング・オフに関する事項が記載された書面交付時 （9条1項等）	商品の引渡し時 特定権利の移転時 （15条の3第1項）

＊7　最高裁判所第三小法廷平成29年1月24日判決（民集71巻1号1頁）は、消費者契約法12条1項及び2項の「勧誘」について最高裁が初めて判断を示したものである（クロレラチラシ事件）。虚偽広告や誇大広告を見て誤認し購入した消費者に個別に取消権を認めても、個別被害額が少額であり、個別訴訟を提起するには時間や費用が見合わず泣き寝入りとなりやすい。ただ、同じ広告を見て購入した同種被害は多数に上るので、これらを一括して消費者団体が代わりに相手方事業者に対して損害賠償請求訴訟を提起することが可能となっている（消費者裁判手続特例法）。同法の2022年改正により、制度の対象範囲に慰謝料請求が加わった。2018年に発覚した医学部不正入試では、入学検定料等の返還以上に、慰謝料の方が本質的請求となるべき事案であった。

＊8　2021年成立2022年5月施行の「取引デジタルプラットフォームを利用する消費者の利益の保護に関する法律」は、通信販売との関係で重要な法律である。Amazonなどの取引デジタルプラットフォームにおいて、消費者を誤認させる表示を行っている販売業者があり、かつ販売業者を特定できない場合、内閣

の不実告知は対象とされず、広告というだけで長らく門前払いであったが、2017年のクロレラチラシ最高裁判決で「事業者等による働きかけが不特定多数の消費者に向けられたものであったとしても、そのことから直ちにその働きかけが消費者契約法12条1項及び2項にいう『勧誘』にあたらないということはできない」として、原審の判断を覆し、広告を一律排除する姿勢を改めた＊7。

通信販売では商品の実物を確認できないまま購入するので、ネット通販でセーターを購入したところ、実際に届いた商品が画像で見たものとデザインも色も異なる、思っていたのと違うという事態が起こり得る。クーリング・オフしたいところだが、残念ながら、特定商取引法で規制される7つの販売類型のうち、唯一クーリング・オフが認められないのが通信販売なのである。クーリング・オフが認められる根拠を今一度思い出してみよう。通信販売では、商品画面をじっくり見比べ、一晩よく考えて購入できるため、訪問販売に典型的にみられる不意打ち性が存在しない。そこで、商品実物の確認が難しいという点に対処するため、通信販売では2008年から返品制度が導入されている。商品の引渡し（または特定権利の移転）を受けた日から8日間、購入者は契約を解除して返品できるのが原則であり（15条の3第1項本文）、例外として広告に表示された特約で返品できなくなる（同ただし書）。一見するとクーリング・オフのように見えるかもしれないが、返品制度は任意規定であり特約による排除が可能である点で、強行規定で特約によっても排除できないクーリング・オフとは異質である＊8。

●特定商取引法の取消権

特定商取引法では、クーリング・オフに加えて、取消権を消費者に付与している。訪問販売では、特定商取引法6条の禁止行為に該当する行為を事業者が行った場合に、消費者に取消権を認めている（特定商取引法9条の3）。「禁止行為」とは、契約を締結させたり、クーリング・オフを妨げる目的で、①商品の性能や品質、価格などについて真実と異なることを告げる行為（不実告知）、②故意に事実を告げない行為（故意事実不告知）および③威迫・困惑させる行為

総理大臣がその取引デジタルプラットフォーム提供者に対して、そのような販売業者が当該取引デジタルプラットフォームを利用できないように要請することができる（4条）。

民法96条

1項 詐欺又は強迫による意思表示は、取り消すことができる。

（威迫・困惑）のことを指す。

1つ目の不実告知とは、たとえば羽毛100％の布団と告げられたのに羊毛が混合していた場合である。これは、嘘を言っているのだから、民法の詐欺（民法96条）にあたるのではと思うかもしれない。しかし、民法の詐欺では、故意に（わざと）だますつもりで嘘を言わないといけない。不実告知では、「故意」が要求されていないので、業者としても、だますつもりでなく、業者自身も本当に羽毛100％だと思っていて、羊毛混合だとは知らなかった場合でも、「禁止行為」を行ったことに変わりなく、消費者には取消権がある。

2つ目の故意事実不告知とは、消費者にとって不利益となるべき事実が存在することを知りながら、あえて告知しない場合である。たとえば、健康食品の販売で、食事制限も併用しないと効果が出ないにもかかわらず、それを告げなかった場合がこれにあたる。また、リフォーム請負工事で、民法の原則によれば中途解約権（民法641条）が認められる契約について、その解約を制限する特約があるのに告げなかった場合も故意事実不告知にあたる。

3つ目の威迫・困惑行為とは、消費者を怖がらせ怯えさせるまでの必要はなく、不安感を与えとまどわせることで、契約を締結させる行為である。たとえば、販売員に「買ってくれないと困る」と声を荒げられたため、早く帰ってもらいたくて契約した場合がこれにあたる。また、「亡くなったご主人が地獄界で苦しんでおられる。これを買わないと不幸が起こる」などと勧誘し、不安をあおり困惑に陥れる行為なども該当する。

●消費者契約法の取消権

そもそも、消費者に民法よりも広い意思表示の取消権を認めたのは、2001年に施行された消費者契約法である。この法律で訪問販売など販売類型を限定せずに認められた消費者取消権を特定商取引法が改正により後から取り入れた。消費者契約法4条3項でも、困惑により契約を締結したときに、取消権が認められ、ここでいう困惑は、「住居等からの不退去」（1号）および「勧誘の場所からの退去妨害」（2号）に限定されていた。ところが、2018年消費者契約法改正により、新たな困惑類型として、社会生活上の経験不足の不当利用、加齢等による判断力の低下の不当利用およびいわゆる霊感商法や点検商法が取消権の対象として追加された。この中で、社会生活上の経験不足の不当利用は、学生などの若年者がターゲットとなりやすい。

たとえば、就活中の大学生に「このままでは就職できない」と告げ、60万円

消費者契約法4条

1項 消費者は、事業者が消費者契約の締結について勧誘をするに際し、当該消費者に対して次の各号に掲げる行為をしたことにより当該各号に定める誤認をし、それによって当該消費者契約の申込み又はその承諾の意思表示をしたときは、これを取り消すことができる。

1号 重要事項について事実と異なることを告げること。当該告げられた内容が事実であるとの誤認

の就職セミナーに勧誘する場合（4条3項3号イ）、将来の薄毛の不安をあおり「今から対策しないと毛髪が生えなくなる」などと告げ、高額なヘアケア商品を購入させる場合、「2、3年後に肌がボロボロになる」と告げ、高額化粧品を購入させる場合（4条3項3号ロ）のほか、婚活サイトで知り合ったバリキャリのアラフォー女性に「2人の将来のため」などと結婚をほのめかし、投資用マンションを購入させる場合のように、デートに誘い気心の知れた頃に、服、宝石、マンションを売りつけるいわゆる**デート商法**（4条3項4号）がある。なお、「今から対策しないと毛髪が生えなくなる」とか「2、3年後に肌がボロボロになる」などと告げたことが真実に反するのであれば、不実告知による取消しも可能となろう（4条1項1号）。

加齢等による判断力の低下の不当利用に関しては、物忘れが激しくなるなどした高齢消費者の不安を知りつつ「今の健康を維持するにはこの食品が必要」と告げて勧誘する場合が該当する（4条3項5号）。

霊感商法とは、運勢相談をした霊媒師から「悪霊がついておりこのままでは病状が悪化する。この50万円のブレスレットを買えばお守りになる」などと告げられる場合が典型例で、霊感や超能力など合理的に実証することが困難な特別な能力に基づく知見を示して消費者の不安をあおり、契約を締結させる場合である（4条3項6号）。

点検商法とは、たとえば、ガソリンを入れようとガソリンスタンドに立ち寄ったところ、店員が「エンジン無料点検中です」と言いながら勝手にボンネットを開けエンジンオイルを交換し費用を請求する場合がこれにあたる（4条3項7号）。これらの場合の取消権は、追認（後から改めてOKと認める）をすることができる時から1年、消費者契約の締結の時から5年間行使することができ、それ以降は、時効によって消滅する（7条）。

2022年改正消費者契約法（2023年6月施行）より困惑類型がさらに拡充され、次の3つの場合にも取消権を行使できるようになった。①勧誘することを告げずに退去困難な場所へ同行し勧誘した場合、②威迫する言動を交え、相談の連絡を妨害した場合、③契約前に目的物の現状を変更し、原状回復を著しく困難とした場合である。

①は、いわゆるキャッチセールスなど、勧誘目的を告げずに消費者を店舗などに連れ込んで契約を迫る商法を対象としている[*9]。③は、契約前に商品の内容を確認するなどと称してパッケージを開封し断りにくくする場合がこれ

*10　これも、既存の点検商
法（4条3項7号）の延長線
上にある規制で、点検商法の
場合は、契約締結前に事業者
が契約内容となっている商品
やサービス等を先行して提供
し消費者が契約締結を断りに
くいようにした上で契約を迫
るのに対し、③の場合は、必
ずしも契約内容の実施でなく
ても消費者が契約締結を断り
にくくなるような一定の状況
を事業者が生じさせた場合に
は契約の取消しが可能とな
る。このように、①と③は、
既存の困惑類型の延長線上に
ある規制であり、困惑類型の
脱法防止という意義を有して
いる。

*11　なお、消費者の判断力
に着目した勧誘規制として、
事業者の情報提供努力義務の
考慮事由の中に「消費者の年
齢、心身の状態」を追加した
（3条1項2号）。これは取消
権を認める規定としての法制
化は見送られたものの、民法
の成年年齢引下げを直接的に
考慮した規定といえよう。

に該当する*10。

　②も、既存の退去妨害（4条3項2号）に加えて、相談の連絡妨害を規制す
るものだが、消費者の心理状態に着目する点で、①や③と異なる。退去すべき
旨の意思表明と比べ心理的プレッシャーが比較的低い第三者との連絡意思の
表明への妨害も規制することで、消費者保護の実効性を高める目的を有する。
②は、要件の明確性や事業者の予見可能性への配慮から射程の狭い規制と
なったため、民法における成年年齢引下げに伴い、被害事例の質・量への影響
を注視して運用を図る必要もあろう*11。

●キャンパスにも広がるマルチ商法

　大学生が気をつけなければならない悪徳商法被害として、**マルチ商法**があ
る。これは、たとえば株式投資のコツを教えるDVDを高額で販売する目的で、
購入者が入会金を払って「会員」となり、新たな販売者となっていく**連鎖販売
取引**と呼ばれるものだが（特定商取引法33条以下）、商品の販売による利益は少
なく、新たな「会員」を勧誘して得られる報酬のほうが大きい仕組みになって
いる。最初のうちは、友人を次々に会員にして、1人勧誘するごとにいくらと
いう報酬を得て儲けることができるのだが、人の交友範囲には限界があり、間
もなく行き詰まる（そもそもネズミ算式に増やしていくと、ほどなく日本の総人口
を超えてしまうのである）。気がついてみると、周囲には、後から入会はしたも
のの会員を増やせないで自分を恨んでいる友人たちがおり、アパートには売
れない商品の山、という悲惨な結果になる。このマルチ商法の場合、クーリン
グ・オフの期間は20日とされているが（33頁の図を参照）、それでも気がつくま
でには足りないこともある。お互いにこういう被害にあわないように気をつ
けよう。

課　題

この章のテーマをさらに
深めるために

- 消費者被害の相談窓口として全国の消費生活センターがあり、消費者が事
  業者と直接交渉する「自主交渉」のための助言をしてくれる。消費生活相
  談員（国家資格）の仲介による「あっせん」もある。また国民生活センター
  紛争解決委員会（国セン ADR）では、重要消費者紛争について、和解の
  仲介や仲裁を行っている。ADR（裁判外紛争解決手続）による紛争解決と
  訴訟による紛争解決ではどのような違いがあるか調べてみよう。
- 自動車メーカーの燃費不正問題に関連して、景品表示法上の課徴金納付制
  度について調べてみよう。

第4章 もしケガをさせてしまったら?

民法（不法行為）

今日はテニスサークルの対抗試合。希望くんはダブルスで学内のライバルチームと対戦することになり、かなえさんたち新入メンバーの前でいいプレーを見せようと張り切っている。サービスエースを決めた希望くんの耳にかなえさんの声援が聞こえてきた。

> ノゾムせんぱ〜いっ！
> ナイスプレーです‼

> まあねっ！　じゃあ、お次はスマッシュでかっこよくポイントとりますかっ！

パコンッ！　浮いたボールを希望くんが相手コートにたたき込んだ瞬間、女の子たちが悲鳴をあげた。

> よしっ、決まったぞ！……えっ?!

前方で構えていた相手の選手が、苦しそうにうめきながら目を押さえてうずくまっている。希望くんの打ったボールが目を直撃したのだ。まもなく救急車が呼ばれ、ケガをした選手は病院に運ばれた。

今回の講義は
原　恵美先生
民法担当

その後、聞いたところでは、相手選手の目のケガは全治2か月とのことだ。
視力は著しく低下し、完全に戻るかどうかはわからないという。

ああ、全治2か月か……視力、回復しなかったらどうしよう。
とにかくお見舞いに行ってくるよ。ぼくがケガさせちゃったし、せめて
治療費とか出さないと。バイトで稼いだお金、ちょっとは貯めてるけ
ど、親にも相談してみないといけないかな。

私もお見舞いに行きます。
でも、責任を感じるのはわかりますが、治療費を全部ノゾムさんが出
すなんて……スポーツをしていて起きてしまった事故なのに。

ぼくはどうすればいいんだ……。

ノゾムさん……。

**P**OINT
第4章のポイント

- 過失責任の原則ってなに？
- 不法行為責任が成立する要件ってどんなものだろう？
- ケガをさせてしまっても不法行為責任を負わなくていい場合もある!?
- 不法行為が成立するとどれくらいお金を払わなければならないの？

人にケガを負わせてしまったら？

ケガをした人は、「このヤロー！ 同じ目にあわせてやる」と希望くんを殴ることが認められるかというと、そのようなわけにはいかない。自分で実力行使して決着をつけるということは禁止されているからだ。これを自力救済の禁止という。なぜ、自力救済は禁止されているのだろうか。

まず実際のところ、自力救済で実現しようとしている権利があるのかないのかわからないということが指摘できる。希望くんはケガをさせてしまったが、相手方は希望くんからお金がもらえると思って、勝手に希望くんの財布からお金を奪った場合、奪った金額が妥当な金額と誰が判断できるのか。強い者が弱い者から無理やりに奪ってしまうようなことになると、社会は力勝負の弱肉強食の世界になってしまう。

さらには、たとえ自力救済をする「権利」があることが明らかでも、「権利」があるからといって何をしてもいいわけではない。たとえば、希望くんがケガをさせたからといって、復讐と称して集団で暴行していいわけではない。

したがって、国家が被害者に代わって、加害者として誰にどの範囲で責任を負わせるのか判断することになる。

ところで、責任って？ ──刑事責任と民事責任

希望くんが、ケガをさせてしまったことについて「責任を負う」というときの「責任」とはなんだろうか。結論から言うと、一般論としては、加害者は社会に対する責任と被害者個人に対する責任の両方を負うことになる。詳しく説明すると、まず、**社会に対する責任とは、社会の秩序を乱したことに対して責任を追及されること**である。これは一般には「**刑事責任**」といわれ、刑法上の罰が科されることになる（詳しくは、第6章、第7章）。刑事責任を追及されると、死刑になったり、刑務所に入ったり、罰金を国に払ったりする。

他方、社会に対する責任とは別に、**被害者が被った損害に対して、加害者が被害者に責任を負うのが、民事責任**である。これは罰ではなく、損害の公平な填補（穴うめ）と思ってほしい。民事責任はお金で解決するのが原則である[*1]。すなわち、**損害賠償は、金銭で賠償するのが基本である**[*2]。

それでは、民事責任はどういう場合に負わされるのだろうか。とにかく自分のしたことで他人に損害を与えた場合にいつでも賠償責任を負わされるとし

*1 このほかに、後述する名誉を毀損した場合の謝罪広告というやり方がある（民法723条）。
*2 被害者は、加害者に対して、損害賠償請求権という債権を取得する（民法709条）。これは、これまでの章（特に、第2章と第3章）で検討した、契約に基づいて発生する債権とは異なり、法律に定められた要件を満たすことによって発生する債権である。このような種類の債権のことを「法定債権」という。

たら、社会の中で自由な活動ができなくなってしまうおそれがある。次の2つの事例を考えてみよう。

過失責任の原則

　まず、パン屋を例にあげてみよう。ある街に、Aというパン屋がある。少し離れたところに新規にBというパン屋ができた。Bは原料にこだわった、おいしいパンをつくることで評判になった。Bには客が殺到し、Aには客が来なくなり、Aは店じまいすることになった。たしかにBが開店したからAがつぶれたといえるとしても、BはAの店が儲からなくなり店を閉めなくてはならなくなったことについて責任を負うのだろうか。Aの店じまいについて、Bが何か社会的に非難されるような行為をしたわけではない。むしろ、自由競争の中で、Bの努力は報われたが、逆にAは淘汰されてしまっただけのことである。

　次に、交通事故の場面をみてみよう。Aは、考えごとをしながらぼうっとして車を運転していたら、信号無視をしてしまい、横断歩道を歩いていた歩行者Cをひいてケガさせてしまった。その場合には、皆さんも、AがCのケガについて責任を負うことに納得するのではないだろうか。Aは運転中に注意力散漫になるという社会的に非難される行為の結果、Cをひいてしまったのである。

　上の2つの事例からわかるのは、社会的に非難される行為を「わざと」か「あやまって」行い、その結果何か損害が生じたというのでなければ、自分の行為について責任を負わなくてもいいということである。すなわち、加害者に責任を問うには、その人に「故意」（わざと）または「過失」（あやまって）があることが必要になるのである。これを「過失責任の原則」という。

　第2章では、自由意思に基づいて行動することが市民社会の根底にあることを確認した。過失責任の原則は、いわばその反面であり、自分の意思に基づいて行動した以上はその結果について自分が責任を負うという自己責任の現れである。

過失がなければ、常に責任は負わないのか？ ──過失責任の原則の限界

　以上の考えは、現在の社会において、基本的に維持されているものの、科学技術の発展や取引社会の高度化によって、さまざまな局面で大きな損害が発生するようになっているために、過失責任の原則に修正が加えられている。このように過失がない時にも責任が課される場合、それを「無過失責任を負う」と

いう。身近な法律で無過失責任を定めるに近い法律としては、1995年より施行されている**製造物責任法**（PL法ともいわれる）がある。この法律は、車やテレビや薬といったような「製造物」に何か欠陥があり、その欠陥が原因でケガをしたり、建物が燃えてしまったり、副作用で病気になってしまったりした場合は、製造物を作ったメーカーである「製造業者」が、たとえ製造過程での過失が明らかでなくても、生じた損害について賠償する責任を負うというものである（製造物責任法3条）。したがって、メーカーは自分の製品の欠陥が原因で起きた事故については、故意・過失があるかどうかを問題とすることなく責任を負うことになっている。⇨ コラム 製造物責任法の背景

過失責任の原則とその限界について確認したところで、以下ではもう少し詳しく希望くんが損害賠償をしなければならない場合について検討してみよう。

製造物責任法3条

製造業者等は、その製造、加工、輸入又は前条第3項第2号若しくは第3号の氏名等の表示をした製造物であって、その引き渡したものの欠陥により他人の生命、身体又は財産を侵害したときは、これによって生じた損害を賠償する責めに任ずる。ただし、その損害が当該製造物についてのみ生じたときは、この限りでない。

加害者が責任を負う場合はどのような場合？──不法行為責任のしくみ

そこで、民法をみてみると、709条で「故意又は過失によって他人の権利又は法律上保護される利益を侵害した者は、これによって生じた損害を賠償する責任を負う」と定めている。要するに、「わざと」か「あやまって」他人に損害を負わせたら、その行為は「**不法行為**」となり、709条の責任を追及されることになる。そこで、この条文を分解すると、以下の要件を満たした場合に、不法行為として責任を問われることになることがわかる。すなわち、①加害者の故意・過失、②他人の権利または法律上保護される利益の侵害、③損害の発生、

製造物責任法の背景

なぜ製造物責任法という法律ができたかというと以下のような事情による。テレビから火が出て自宅が全焼してしまったという場合に、被害者としては、テレビを買った電気屋（販売店）とメーカーに損害賠償を請求することが考えられる。被害者と販売店である電気屋との間には売買契約が成立しているはずであり、まずその売買契約の違反（債務不履行）として損害賠償を請求することが考えられる。しかし、契約違反による損害賠償にも違反者に責められるべき事由があることが必要とされている。もし電気屋がテレビに欠陥があることを知らずに販売していたとすると、電気屋から賠償を受けるのは難しそうである。

そこで、メーカーについて考えてみると、メーカーと被害者との間には契約関係はない。そこ

で、以下に述べる不法行為責任が問題となるが、素人である被害者にとって、製造過程にどのような過失があったかを知ることは非常に困難である。過失を証明するためには、専門の知識が必要であったり、内部情報が必要になったりする。

一方、メーカーは自分で製品を作っている以上、その製造物に関しての安全情報を入手しやすい。しかも、メーカーはその製造物を売ることによって利益をあげている。このような事情から、「欠陥」のある製造物については、メーカーに責任を負わせるのが妥当としたのである。しかし、ひとつ気をつけなければならないのは、製品が市場に出回った時点の科学技術ではわかりようがなかった欠陥の場合には、メーカーは「開発危険の抗弁」として免責されるということである。

④加害行為と損害との間の因果関係である。これらの要件を満たしていると（つまりこれらが全部そろったならば）、不法行為が成立し、その効果として、加害者は被害者に対して損害を賠償しなければならなくなるのである。

わざとボールをぶつけたの？　それとも間違えて？ ──（1）故意・過失

　第1の要件は、故意または過失である。故意・過失がない限りは不法行為責任を負わないというのは、先ほどの過失責任の原則の現れである。そこで、ここでは、具体的に「故意」「過失」とは何か、その定義について考えてみたい。学説はいろいろあるが、ここでは、簡単に伝統的な理解と現在の理解の2つを紹介しておこう。

　まず、過失から話を始めたい。かつては「過失」とは、加害者の心理的な不注意と考えられていた。つまり、「うっかりしている」という主観的な状態が「過失」とされていたわけである。したがって、43頁にあげた交通事故の例では、Aはぼうっとしていた以上、過失があったといえそうである。

　では、人がひしめき合う歩道で自転車を飛ばしていたら、人にぶつかってケガをさせてしまったというケースはどうだろう。人にぶつからないように全神経を集中していたとしよう。たしかにぼうっとしていたわけではないが、客観的に考えて、そのような歩道で自転車を飛ばしていれば事故が起きてしまうのは予測できるはずである。全神経を集中させていたからといって、不法行為の責任を免れるのはおかしいと皆さんも思うであろう。そうすると、過失というのは結局、期待されていた行為を怠ったということであって、ひとりひとりの心理状態というわけではないのではないだろうか。

　そこで現在では、過失は、主観的な内心の状態を意味するのではなく、前もって予見できて注意すれば防ぐことができた結果（「予見可能性」という）について、回避する義務（「結果回避義務」という）を怠ってしまったという客観的なものに変わっている。「客観的」というのは、通常の人を基準にして判断するということである。つまり、本人ができたかどうかではなく（初心者かどうかなどは関係ない！）、一般的な経験や知識のある人に期待できる行為を基準とすることになる。したがって、客観的にみて、結果回避義務に違反している場合には、過失ありと判断されることになる[*3]。

　故意についても、「わざとやった」ということなのだが、とりあえず、結果の発生を望んでいたか、あるいは結果が発生してもやむを得ないと判断したこ

*3　民法の特別法として、「失火ノ責任ニ関スル法律」（失火責任法）がある。この法律は、709条の要件として求められる「過失」とは異なり、失火者は、「重大ナル過失」（重過失）がない限り、709条の損害賠償請求責任を負わないとするものである。このように、一般的な709条の成立要件よりも、責任を狭めており、失火者の責任が軽減されている。この立法理由は、家が密集した地域で失火した場合に、延焼により損害が拡大することで、失火者の責任が過酷になることが懸念されたことによる。

とをいうと理解しておいてほしい。法律家の言い回しでは、**故意とは、結果の
発生を認識しながら、それを認容して行為をするという心理状態**をいう。

　希望くんは、はたして、結果回避義務に反し、したがって過失があったといえるだろうか（わざと相手選手のケガという結果の発生を望んでしたのではないから、故意がないことは明らかだろう）、少し考えてみてほしい。

賠償しなければならないのはどんな場合？ ──（2）違法な利益侵害

　第2の要件は、権利および利益の侵害があることである。生命・身体や物に対する所有権がこれに該当するのはあきらかだが、中には微妙なものもある。

　実は、2004年の民法の改正までは、民法709条の規定では、「他人ノ権利ヲ侵害シタル者」（傍点は筆者）と規定されていた。したがって、条文上は、法律上「○○権」という名前で保護される権利以外は、侵害されても不法行為にならないとも読める。それが、改正によって、先ほど紹介したように、「他人の権利又は法律上保護される利益を侵害した者」（傍点は筆者）と変更された。なぜこのように変更されたのか、その背景を探ってみると、「権利・利益の侵害」について理解しやすい。

　そこで、2つの判決を紹介しよう。1つめは、桃中軒雲右衛門事件という、1914年の事件である[*4]。この事件は、桃中軒雲右衛門という浪曲師[*5]が浪曲を吹き込んだレコードが無断で複製され販売されたため（いわゆる海賊版レコード）、損害賠償を請求したというものである。裁判所は、当時の民法709条の文言に従って、雲右衛門に法律上保護される権利があるか判断した。具体的には、雲右衛門は著作権法上の著作権[*6]を有するとして保護されるのかが問題となった。そして、浪曲は、著作権法において保護される著作物ではなく、そのため雲右衛門には著作権法上の著作権がないとして、雲右衛門は損害賠償請求権が認められなかったのである。裁判所は、当時の709条の文言通りに法律上の「○○権」がないとして、損害賠償を認めなかったのである。

　しかし、11年後に、別の事件の判決によって以上のような考え方は覆される。大学湯事件と呼ばれる事件である[*7]。この事件は、次のようなものである。Xは、Yという人から建物を借りて、「大学湯」という名前の銭湯を営業していた。しかし、XとYとの間の建物の賃貸借契約が終了し、Xは建物から出ていくことになった。Xが出て行ったあとに、Yは、建物と銭湯の施設をZに貸したが、ZはYの施設で銭湯を開業した上に、「大学湯」という名称まで利

*4　判決は、「大審院」という今の最高裁判所の前身で出されたものである。「大判大正3年7月4日刑録20輯1360頁」の判決である。ちなみに、この表記は、判決の引用方法の一般的な表記方法である。「大判」とは大審院判決の略号である。「刑録」というのは、判決が掲載されている判例集の略で、この場合は「大審院刑事判決録」の略号である。（詳しくは第14章）

*5　浪曲師とは、浪曲を行う人のことである。浪曲とは、別名、浪花節（なにわぶし）ともいう。江戸末期に誕生した三味線の伴奏で演ずる語り物である。歌う部分と語りの部分とに分かれるがすべて1人で演ずる。

*6　著作権とは、著作物を作った人が持っている権利であり、著作物を勝手に使用されない権利である。詳しくは、著作権法という法律を見てみよう。

*7　大判大正14年11月28日民集4巻670頁。この場合の「民集」とは、「大審院民事判例集」の略号である。

用した。Ｘが「大学湯」を営業している間に、大学湯を好んで利用していた得意客や近所の信頼が形成されていたはずである。こういう**得意客や信頼のこと**を「暖簾」というが、Ｘが一生懸命に作り上げた「暖簾」をＹとＺは勝手に利用したのである。そこで、Ｘとしては、暖簾の権利が害されたとして、ＹとＺに対して不法行為に基づく損害賠償を求めた。

先ほどの桃中軒雲右衛門事件からすると、Ｘには法律上のどのような権利があるのか問題になるはずだが、裁判所はそのような考え方をとらなかった。そして、暖簾は法律上保護される権利と呼べるものではないが、法律上保護される利益である以上は、それを侵害したなら損害賠償を認めるべきであるとしたのである。したがって、裁判所は、**権利である必要はなく法律上保護される利益であれば足りる**としたのである。

こうして、学説も、「権利侵害」を「違法な利益侵害（違法性）」に読みかえて説明するようになった。2004年に民法が改正されたときに文言が「権利」から「権利又は法律上保護される利益」に変更されたのは、以上の判決の流れがあったからである。

では、どのような利益を侵害すると法的に非難される利益侵害になるのかというと、これは時代とともに変遷するものであって判断は微妙なものとなる。昔から認められているのが、「名誉」である。名誉という人の社会的評価が害されると（**名誉毀損**という）、加害者には不法行為責任が生ずる。保護される人格的利益としては他に、**プライバシー**、つまり私生活をみだりに公開されない権利を挙げることができる。それ以外にも、日照の妨害や騒音による平穏な生活の侵害、さらには最近では眺望・景観を奪うことまでが不法行為の利益侵害として判例で認められるようになってきている。

希望くんの事件に戻ると、希望くんは、相手の目にケガを負わせているので、相手の「身体」という最も尊重されるべき利益に対して損害を与えている。したがって、この第２の要件も満たすことになりそうである。けれどもこれは非難されるべき「違法な」利益侵害だったろうか。この点も考えてみてほしい。

賠償する損害って目のケガだけ？ ──（3）損害の発生

民法で不法行為責任が発生するのは、何か損害が生じた場合である。たとえば、友人の家に遊びに行った際に、不注意で花瓶を机から落としてしまったが、反射神経の優れたあなたは床で割れる前に空中でキャッチしたとしよう。

すると、花瓶は割れておらず、損害が発生していないため不法行為にはならない。そこで、第3の要件として、損害が発生していることが必要である。

損害には、生命・身体に対する損害や、財産に対する損害（「財産的損害」という）の他にも、精神的な損害がある。**精神的損害**とは、たとえば、目にボールをぶつけられたときに被った精神的苦痛に対する賠償である。精神的損害に対する賠償を「慰謝料」という。

希望くんのテニスの対戦相手は、目をケガしているので、当然損害は発生している。そして、この場合、財産的損害と精神的損害の両方が発生しているといえそうである。詳しくは、後で述べることにする。

テニスのプレーと目のケガの関係 ──（4）因果関係

さて、今まで、故意・過失、権利・利益の侵害、損害という3つの要件についてみてきた。不法行為が成立するためには、この3つに加えて、第4の要件として、**加害行為と損害との間に因果関係があることが必要**である。つまり、加害行為があったからこそ損害が発生してしまったという、「あれなければこれなし」の関係が必要となる。これを**条件関係**という。これはもっともな話である。たとえば、次のような例を考えてみよう。

あるストーカーの男が思いあまって、女性を殺して自分も死のうと思い、女性の自宅に猛毒ガスを散布した。しかし、実は、ガスが散布されたのと同時に、女性は、帰宅途中の駅の階段で足を滑らせて、運悪く転倒し死んでしまっていたとしよう。たしかにストーカー男は社会的に非難される行為を行い、女性が死んでいる。しかし、ガス散布と死亡の間に「あれなければこれなし」の関係があるといえるだろうか。女性の生命の侵害は、ガス散布とはまったく別の理由から生じたものであり、ストーカー男には責任がないと言わざるを得ない（殺そうと思ってガスを散布したことに対して、刑法上の罪を問われる余地はあるかもしれないが、それは別の判断であり、民法上の不法行為責任は問えない）。

さらに、判例・通説は、不法行為責任が成立するためには、条件関係だけでは足りないとする。たとえば、交通事故によって全身火傷を負った女性が、生きていることに絶望し自殺してしまったとしよう。そして、その結果、女性が経営していたエステ・サロンが廃業に追い込まれ、そこで働いていた従業員全員が職を失ってしまったとする。交通事故が原因で自殺し、サロンがつぶれた以上、「あれなければこれなし」の条件関係はあるといえそうである。しかし、

*8 富喜丸事件と呼ばれる事件で明らかにした理論である。これは船の衝突事故で、事故後に戦争の影響で船の価

格やチャーター料が高騰したケースで、被害者側の船主がその高騰した値段で計算した損害賠償を請求したのに対し、判決は事故当時の値段でしか認めなかった。判決は、大連判大正15年5月22日民集5巻386頁。「大連判」とは、「大審院連合部判決」の略号である。

交通事故の加害者は、自殺や従業員が職を失ったことについてまで賠償するべきであるとするのはおかしいだろう。

　そこで、判例は、加害行為と結果との間に因果関係があるためには、条件関係に加えて、**その行為が結果発生にとって「相当性」を有することが必要である**とし、賠償の範囲についても、**相当因果関係のある損害についてのみ責任を負う**[8]としている。

スポーツの場合は？　——不法行為の成立の阻却事由

　以上、不法行為による責任が発生する4つの要件を確認した。ではここでもう一度、希望くんの場合を考えてみよう。彼は本当に賠償をしなければならないのだろうか。彼の行為は、不法行為を成立させる要件を全部満たしているのだろうか。そう、もうおわかりだろう。**希望くんは、責任を問われることはないのである。**

　つまり、不法行為というためには、あるいは不法行為の責任を問うためには、その行為が社会的に、また法律的に非難される行為であることが必要なのは間違いない。けれども、希望くんはルール通りにテニスをしてスマッシュを打ったのである。したがって、このようにルールにのっとってしたスポーツについては、判例も学説も、「社会的に相当な行為（正当な業務行為）」であるなどの理由で、先に述べた違法性が阻却されるので不法行為が成立しないとか、「被害者が同意している」、「お互い危険を引き受けている」、などの理由から、危険性を回避する義務としての過失がないという説明をしている。このように、理由付けは複数あるものの、とにかく希望くんは責任は負わなくてすむことになる[9]。

[9]　ただし、いくらスポーツだからといって、何をやってもいいというわけではない。たとえばサッカーのゲーム中に、仮にある選手が相手チームの選手を殴ってケガを負わせたとすると、殴った選手は不法行為責任を追及される可能性は十分ある。また、学校の体育の授業で、たとえば黒帯の生徒と初心者に柔道をさせて初心者が投げられてケガをした、という場合には、指導の体育の先生や学校長に（過失が認められて）不法行為が成立することもある。

　では、希望くんが責任を負わない場合には、ケガをした相手の治療費は誰がどうやって払ってくれるのだろう。こういうときのために保険（傷害保険）というものがある。法律（保険法）の話は専門的になるので省略するが、大学公認のサークル活動の場合は、学生の皆さんがひとりひとり保険会社に行って契約しなくても、（在籍学生自身のケガ等については）大学が保険をかけてくれる場合も多いことを覚えておこう。⇨コラム **傷害保険**

責任を負わせることができない人たち

　最後にもうひとつ、たしかに不法行為があったのだけれど、責任を負わせることができない（負わせるわけにはいかない）という場合がある。それが、不法行為をした人に**責任能力がない**場合である。責任能力とは、つまり不法行為責任を負うだけの能力ということになる。どういう人がこれにあたるかというと、大まかにいって、未成年者のうちのさらに年少者と、成年者でも精神上の障害などで判断能力のない人が「責任無能力者」となるのである。

　この点について、民法712条は、「未成年者は、他人に損害を加えた場合において、自己の行為の責任を弁識するに足りる知能を備えていなかったときは、その行為について賠償の責任を負わない」（傍点筆者）と規定する。この条文の意味するところは、未成年の中でも、自分の責任を弁識する能力がない者は、損害賠償責任を負わないとしているのである。一般的には、弁識する能力とは、「何らかの意味での法的な責任が生じることを弁識する能力」といわれている。では、具体的に何歳であれば、弁識する能力がなく、何歳であればあるのか。これは個別判断にならざるを得ないが、裁判所は、11歳以下の加害者であると責任能力がないと判断し、14歳以上の加害者については責任能力を認める。したがって、12歳か13歳くらいがボーダーラインということになる。

　このような未成年者以外にも、精神上の障害によって弁識する能力を欠く者も責任を負わない（民法713条）。ただし、故意・過失によって、一時的にそのような状態になった場合には責任を免れない。したがって、お酒を飲んで泥酔して人にケガをさせた場合には、不法行為責任を問われることになる。

　また、弁識する能力のない者が責任を負わない場合に、誰も責任を負わないかというとそうではない。**これらの者を監督する義務のあった人**（未成年者の場合には親など）**が監督する義務に反したとして代わりに不法行為責任を負う**ことになる（「監督者責任」という）（民法714条）。

> **民法714条**
> **1項** 前2条の規定（未成年者に関する規定と精神上の障害を持つ者に関する規定―筆者）により責任無能力者がその責任を負わない場合において、その責任無能力者を監督する法定の義務を負う者は、その責任無能力者が第三者に加えた損害を賠償する責任を負う。ただし、監督義務者がその義務を怠らなかったとき、又はその義務を怠らなくても損害が生ずべきであったときは、この限りでない。
> **2項** 監督義務者に代わって責任無能力者を監督する者も、前項の責任を負う。

傷害保険

　大学によっては、公認の学生団体については、体育系に限らず文化系のサークルでも、その活動中のケガ等について大学が傷害保険に加入しておいてくれる（他校生にケガをさせた賠償責任は別だが）。もっとも、それらの場合も、学生諸君が何もしなくてもいつも保険がきくわけではなく、合宿や大会の参加をそのつど学生部とか学生センターに申請しておく必要がある場合が多い。サークル活動の部長やマネージャーをしている人は、しっかり調べてきちんと手続きをしておこう。

賠償額は？ ——不法行為責任の効果

　以上、不法行為責任の成立の要件を検討した。すべての要件に該当すると、それに見合った効果が発生することになる。ここでは、その効果について学習しよう。損害賠償の内容は、損害の種類に基づいて3種ある。先ほど、損害について説明した際に、損害には財産的損害と精神的損害があると述べた。前者の財産的損害はさらに2つに分かれ、入院費といったような治療にかかる費用など被害者が実際に出費した「積極的損害」と、仕事を休んだことによって収入が得られなかったといった逸失利益のような「消極的損害」がある。したがって、ここでの3種類とは、①積極的損害、②逸失利益（消極的損害）および、③精神的損害に基づく慰謝料ということになる。そして、すでに述べたように、不法行為の効果は金銭による賠償である（民法722条1項、417条）。したがって、これらの損害の価値を金銭に評価することが必要になる。

民法722条
1項 第417条（損害賠償の方法）及び第417条の2（中間利息の控除）の規定は、不法行為による損害賠償について準用する。

民法417条
損害賠償は、別段の意思表示がないときは、金銭をもってその額を定める。

　まず、①積極的損害としては、なにが考えられるだろうか。ケガをして入院してしまった場合を例にすると、治療費・入院費や付添の看護費は含まれることになる。ただし、過剰な費用のかかる入院がされたような場合には、合理的な範囲内の金額に限って、認められる。

　次に、②逸失利益である。これは、たとえば、交通事故で入院していた場合には、入院の間に働けなかった分の収入が減ったとするならば、その額ということになる。しかし、逸失利益の算定は言うほど簡単ではない。なぜなら、仕事を休んだことによって得られなかった収入は、将来の収入がいくらか予測しなければならないわけであり、正確に算出することなど不可能であるからだ。

懲罰的損害賠償 ちょうばつてきそんがいばいしょう

　日本の損害賠償は、損害を填補することを目的にしている。しかし、外国に目を向けると、損害の填補ではなく、加害者に対する制裁を目的としたような損害賠償の考え方もある。
　たとえばアメリカでは、実際の損害の何十倍もの賠償を認めるような判決もある。新聞やテレビをにぎわせた事件として、1994年に判決が出た、ファストフード店M社のコーヒーに関する事件がある。これは、当時80歳近い女性が、ドライブ・スルーでコーヒーを購入したが、そのコーヒーが膝にこぼれてしまって、結果として重度のやけどを負ったという事件である。M社の提供し

ていたコーヒーが一般的なレストランで提供されるものよりも高温であったこと、また高温であることの注意喚起をM社が怠っていたというような理由から、実際の損害の30倍の、日本円にして約3億円の賠償金がM社に命じられたという事件である。
　このように、損害填補ではなく、制裁という性質を前面に出した損害賠償のことを「懲罰的損害賠償」という。日本では、懲罰的損害賠償は認められない（最判平成9年7月11日民集51巻6号2573頁〔この場合の「民集」は「最高裁判所民事判例集」の略〕）。

たとえば、工事現場の作業員の男性が交通事故で下半身不随になってしまったとしよう。そうすると、下半身不随ではこの男性の労働力は完全に奪われており、将来の長い間にわたって発生する逸失利益が問題となる。基本的に、現に働いていた人は、その収入を基礎に、以後本来なら何年働くことができたかという年数（「稼働年数」という）を乗じて計算する。ただし、損害賠償は一括してもらうものである。そうすると、本来働いていれば、毎年毎月と分割してもらうはずであったのに、一括でもらうことによって、先取りする分だけ得をしてしまう。払う側はいわば毎年毎月の利息分だけ払いすぎになるので、その利息（「中間利息」という）の分は本来得られない利益ということで引かれることになる。

> 逸失利益 ＝ 年間収入 × 稼働年数 － 中間利息

しかし、子ども・学生や専業主婦の場合には、計算の基礎となる収入がない。そのような場合には、「平均賃金センサス」に基づいて計算されることになる[10]。

最後に③慰謝料についてであるが、これについては、算定の仕方が明確には定まっていない。裁判所が、被害状況や被害の重大さ、加害者の対応などといったことをいろいろ考慮して判断することになる。

気をつけなければならないのは、日本では、実際の損害の範囲を超えて、損害の何倍もの賠償が認められることはない、ということだ。それはなぜかといえば、先にも述べたように、日本の不法行為は、加害者に罰を与えるものではなく、被害者に生じた損害を補うという、損害填補を目的としているからである。損害賠償の額は、あくまでも実際の損害を填補する範囲に限定される。

⇨ コラム 懲罰的損害賠償

＊10　平均賃金センサスとは、賃金に関する統計である（厚生労働省のホームページで入手することができる）。統計では、賃金の実態が労働者の種類、職種、性別、年齢、学歴、勤続年数、経験年数別に記録されている。これに当てはめて、逸失利益を計算することになる。平均賃金センサスは、女性であると逸失利益が少なかったり、収入の多い高齢者が若者よりも大きい逸失利益が認められたりして、「人の価値に差がつけられている」と批判されたりする。

課題

この章のテーマをさらに深めるために

● いじめによる痛ましい事件をよく耳にする。集団で1人にケガをさせたりしてしまった場合に民法はどのような規定を設けているのか、どのような問題があるのかについて調べてみよう。

● 自動車事故を起こした場合に、保険に入っていれば、加害者本人は賠償金を払わず保険会社が支払うことになる（ここでの保険は、本文の自分自身の「傷害保険」とはちがう、「損害保険」である）。保険と民法上の損害賠償の関係を調べてみよう。さらに、「自動車損害賠償保障法」（自賠法と略す）の強制責任保険についても調べてみよう。

第5章 愛は大切、だけど自分も大切

民法（家族法）

　かなえさんの高校時代の友人である夢子さんは、高校3年生のときに、バイト先のハンバーガーショップの店長Aとできちゃった婚で籍を入れ、一緒に暮らし始めた。しかし、Aは別のバイトの女の子と二股をかけて付き合うような浮気者だったため、心労のせいか夢子さんは流産してしまった。その後、夫婦関係は悪くなるばかりで、結婚半年後には離婚することになった。

夢子、久しぶり。その後どうしてるの？

いまは実家に戻ってるの。いろいろあったから、少し落ち着いたらこれからのことを考えるつもり。

たいへんだったよね。もうだいじょうぶ？

うん。なんとかね。でも苗字のこととか手続きとかが面倒で疲れちゃった。離婚って結婚の何倍もたいへんだよ～。本当は、まだ気持ちの整理はついてないんだ。PTSDっていうのかな。

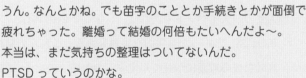

わあ、そうなんだ。
やっぱりたいへんだったんだね。

うん。私も幼かったんだと思うけど、本当に好きだったから仕方ないのよ。今度こそはもっとよく考えるけどね。

うーむ。
勉強になるなあ。

今回の講義は
前田美千代先生
民法、消費者法担当

POINT
第5章のポイント

●家族法ってなに？

●結婚のこと──「愛」が大切だけど、結婚はそれだけではない

●子どものこと──最近、生殖医療や児童虐待ってよく聞くけれど

●離婚のこと──もしも夫婦が破綻したら

家族法とは？

●日常生活のなかの家族法

　私たちの人生には、幼年期のほか、老年期が存在し、これらの時期に人は誰かからの助けを必要とする。そして、これらの時期でなくても、人は、健やかなときだけでなく、病めるときが存在するために、自分以外の人の助けがなくてはならない場合がある。ここに、私たちが生きていくために、「家族」を必要とする理由がある。私たちの日々の生活は、「家族」を支え、また、「家族」に支えられ成り立っている。多くの人は、長い人生の中で、大切な人に出会い、結婚し、やがて親となり、子どもを育てる。夢子さんのように、残念ながら離婚するという場合もあるだろう。私たちの人生には、結婚や出産といった人生の一大イベントもあれば、子育てや看護（病気になった家族の看病や高齢の親の世話）といった日常的な事柄もある。これらの結婚、離婚、出産・子育て、高齢な親の看護について規定するのが民法のなかの家族法である。

●民法典のなかの家族法──財産法と家族法

　民法典の目次を見てみよう。第4編「親族」と第5編「相続」の部分のことを「家族法」と呼ぶ。このほか、第1編を「総則」と呼び、第2編と第3編を「財産法」と呼ぶ。財産法と家族法は、両者まったく別物というわけではない。たとえば、婚姻中に夫婦の一方と取引する第三者との関係や、離婚の際には一緒に買ったマンションをどうするかが問題となるので、家族法には、財産法の特別法たる「家族間の財産法」という側面がある。

●相続法の位置づけ──「家」制度と家督相続

　日本法では、日本古来の「家」制度ならびに「家」の承継としての家督相続という特殊な事情が存在したため、相続法を親族法と統一的に家族法として理解している。しかし、諸外国では、相続法を財産法として捉えている。つま

54

作成できるようになったり、自筆証書による遺言書を法務局で保管できるようになった。

り、ちょうど売買・贈与などの契約を原因として、ある人からある人へ財産の移転が起こるように、人の死亡という事実により、相続を原因として死者（被相続人という）から相続人への財産の移転が起こるからである*1。

もし結婚したら（婚姻）

●「愛」さえあれば結婚できる？──婚姻の成立

民法731条
婚姻は、18歳にならなければ、することができない。

民法731条以下をみてみよう。一般的には「結婚」と表現されるが、民法では「婚姻」という文言が用いられる。

男性も女性も、満18歳に達しなければ、婚姻することができない（731条）*2。かつては、未成年者が婚姻をするときには、父母の同意を得なければならなかった（旧737条）*3。

*2*3　2022年4月1日施行の民法改正では、男女ともに婚姻年齢が18歳となり、同時に改正が施行された成年年齢と一致する（第2章24頁注8参照）。したがって、737条にあった、未成年の子が婚姻する場合の父母の同意についての規定は削除された。

さて、第2章では、売買などの契約は、契約書面を作成することなく、両当事者の無方式の売ります・買いますという意思の合致のみにより成立することを学んだ。それでは婚姻はどうだろうか。夢子さんがA夫からのプロポーズを受け入れなければもちろん婚姻には至らないが、プロポーズを受け入れたとしても、それによりただちに民法上の婚姻が成立するわけではない。では、婚約指輪をもらい、結婚式を挙げ、披露宴をし、ハネムーンに行って帰ってきたら、もうそろそろ婚姻は成立しているだろうか。実は、これらの慣習上の儀式と民法上の婚姻の成立とは、一切関係がない。

民法739条
1項　婚姻は、戸籍法（昭和22年法律第224号）の定めるところにより届け出ることによって、その効力を生ずる。
2項　前項の届出は、当事者双方及び成年の証人2人以上が署名した書面で、又はこれらの者から口頭で、しなければならない。

民法に規定された婚姻が成立するためには、「届出」が必要である（739条）。すなわち、「婚姻届」を市（区）役所や町村役場の戸籍係に提出して初めて婚姻が成立する。このように婚姻の成立要件として、一緒に暮らすとか夫婦の実体があること以上に、何らかの法的手続を要求する方式を法律婚主義という。日本では、法的手続として、届出が採用されているが（届出婚主義）、諸外国では、行政係官の面前における一定の手続のもとで、婚姻の意思を表明する場合もある（外国映画のワンシーンで、カップルが市長の面前で婚姻の宣誓を行う場面を見たことがあるだろう）。届出を出さずに、同棲を続けるカップルもいる。これを法律婚に対して事実婚という。2人の意思やさまざまな事情で事実婚を選択するとしても、本当にそれが2人にとって幸せな選択であるのか、これから学ぶいくつかの婚姻の法的効果とともに考えてみよう。なお、同性同士のカップルの場合には、日本の現行の家族法のもとでは婚姻が認められていないため、法律婚という形をとることができない*4。⇨コラム LGBTカップルと

*4　同性カップルの法的処遇に関して、諸外国では立法が相次いでおり、日本国内でも同性婚が認められていないことの憲法適合性が争われ、違憲状態とする裁判例も出ている。制度化にあたっては、婚姻の効果のうち個々の法効果に即した処遇の可能性や、婚姻の拡張による処遇の可能性などが考えられる。外国では、パートナーシップと同性婚を併存させて利用者が選択できる例もある。

同性婚

●どうして当事者の合意だけではダメで届出が必要か

　売買などの契約の場合とは異なって、婚姻の場合に、届出や宣誓といった一定の成立方式を要求するのはなぜだろうか。これは、当事者の婚姻意思の確認、婚姻障害事由の確認[*5]、ならびに、婚姻関係を公示して人の家族関係を明らかにするためである。ただ、日本の場合、婚姻届は郵送でも提出できるので、当事者の婚姻意思を十分に確認できるとまではいえない。また、たしかに民法では、婚姻障害がないことを認めた後でなければ届出を受理できないと規定しているが（740条）、戸籍係には形式的審査権があるにすぎないので（当事者の婚姻意思を実質的に審査したり、自署かどうかの確認もできない）、そうしたチェックも十分とはいえない。公示機能についても、披露宴に多くの人を呼んで盛大な結婚式をあげれば、届出をしなくても、婚姻の事実をある程度は周知させることができる。結局、日本の届出主義は、婚姻だけでなく、離婚、縁組、認知などにも採用され、国民の家族関係をすべて戸籍に忠実に反映させ、届出プラス戸籍への記載を通じて（結婚することを「入籍」するというのはこのため）、家族の把握を容易にするという意義が存在する。⇨ コラム 戸籍と夫婦別姓

●結婚するといろいろな効果や義務が生じる──婚姻の効果

　結婚して夫婦になると、それに伴って重要な法的効果や法的義務が生じる。それらの効果や義務は、人格的な側面に関するものと、財産的な側面に関するものに大別される。義務などというと何かめんどくさそうな感じがする。事実婚であれば、これらの義務を負う必要はないが、同時に重要な法的効果を享受することもない。２人で共同生活を営む以上は、家賃・光熱費といった生活費をどちらがいくら払うかなどが当然問題となる。２人で仲良く暮らしている

＊5　婚姻障害事由の確認
①婚姻適齢（男女とも18歳）に達していること（民法731条）
②重婚ではないこと（732条）
③近親婚ではないこと〔優生学上の理由から、直系の自然血族および３親等内の傍系自然血族間の婚姻は禁止され（734条）、倫理的な理由から、直系姻族間の婚姻（735条）、養親または養親の直系尊属と、養子もしくはその配偶者、養子の直系卑属もしくはその配偶者との間の婚姻（736条）は禁止される〕
④女性の再婚禁止期間（733条）にあたらないこと

LGBTカップルと同性婚

　2004年から施行された性同一性障害者特例法では、①20歳以上であること、②現に婚姻をしていないこと、③現に未成年の子がいないこと（2008年改正により、子から未成年の子に変更）、④生殖腺がないこと又は生殖腺の機能を永続的に欠く状態にあること（当該要件は、人権侵害の懸念が極めて強く、諸外国では撤廃されている）、⑤その身体について他の性別に係る身体の性器に係る部分に酷似する外観を備えていること、のいずれにも該当し、２人以上の医師により、性同一性障害であることが診断されていることを要件に、戸籍上の性別変更を認める。最高裁は、この特例法に基づき女性から男性に性別変更し婚姻した夫と、その妻が第三者の精子提供を受け人工授精で出産した子との間に、血縁関係はなくても民法772条による父性推定が及ぶとして、嫡出子としての戸籍の届出が認められるとした〔最決平成25年12月10日民集67巻９号1847頁〕。

親等図

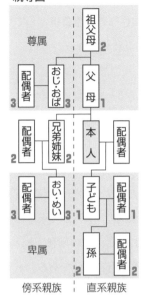

傍系親族　直系親族

民法750条
夫婦は、婚姻の際に定めるところに従い、夫又は妻の氏を称する。

限りはよいかもしれないが、子どもが生まれたり、別れることになったとき（事実婚を解消するとき）にはむしろ問題が生じる。法律婚であれば、義務についてはその不履行が問題となるし、婚姻共同生活を営む上でのトラブルを最小限にするさまざまな法律上の工夫として、一定の法的効果が生じることになっている。自由な事実婚にはそれなりの不利益も伴うこと、法的な裏付けがあるかないかでは大きな違いがあるから、注意してみてみよう。

●**苗字が一緒になる**

　まず、人格的な側面に関するものとして、苗字が一緒になることはよく知られている。これは、夫婦同氏の原則といって、婚姻の際に夫または妻の氏（姓）のどちらかを、夫婦の氏として選択することが義務づけられている（民法750条）。一般的に、妻が夫の姓を称することが多いが、別に妻の姓で揃えてもよくて（婿であるか否かにかかわらず）、とにかく同一の氏を称すればよい。

⇨コラム 日本人の家族観

●**家事はすべて妻のシゴト？——同居・協力・扶助義務**

　婚姻により夫婦間に生じる人格的効果の2番目として、同居・協力・扶助義務がある（752条）。夫婦は同居して一緒に暮らし（同居義務）、共同の日常生活の維持において協力しなければならない（協力義務）。妻が夕食を作れば、夫は食後の皿洗いを手伝い、週末くらいは風呂掃除もするといったことである。子育ても専業主婦の妻だけの仕事ではなく、夫も協力義務がある。扶助義務とは、夫婦間の相互的な経済的援助に関する義務である。夫婦間では、相手方に自己と同一程度の生活を保障する義務があり（生活保持義務という）、この義務

戸籍と夫婦別姓

　諸外国でも、個人の家族関係を公示する制度が存在する。しかし、日本の戸籍のように、夫婦・親子を同一のファイルに記録するのではなく、個人単位のファイリングがなされている国が多い。個人単位のファイルにすれば、夫婦別姓の問題も解消できる。しかし、戸籍の一覧性・検索可能性の高さというメリットも無視できない。そこで、コンピューターを活用して、一覧性・検索可能性を担保しつつ、戸籍・登録制度の個人ファイル化が試みられてもよいであろう。

　夫婦別姓に関して、氏名自体を人格権の一部と捉えると、本人の意思によらないで、氏の変更を法律により強制することは、人格権の侵害とな

る。現実には、97％近くが夫の氏を選択しており、氏の変更によってこれまでの職業生活や社会生活上の信用や実績が中断したり、免許やパスポートなどの面倒な名義変更の不利益を主に女性が被っている。1996年民法改正案要綱で、同氏か別氏かを当事者に委ねる選択的夫婦別姓の導入が提示されたが、この改正は実現していない。最高裁大法廷平成27年12月16日判決、令和3年6月23日決定も、夫婦同姓を義務付ける民法750条を合憲とした。ただし、平成27年判決は選択的夫婦別姓に合理性がないとはせず、令和3年決定も国会の議論にゆだねるとしている。

column

は、一定の親族間に認められる一般的な扶養義務（生活扶助義務という）よりも高い水準の義務である[*6]。現実には、夫婦間の衣食住等の費用負担として問題となり、後で学ぶ婚姻費用分担義務(760条)として具体化される。

●夫が浮気した?!──貞操義務

婚姻による人格的効果の3番目として、貞操義務がある。夫は妻以外の女性と、妻は夫以外の男性と性的関係を持ってはいけない義務である。この義務は条文に明文規定があるわけではなく、重婚が禁止され、また、不貞行為が離婚原因になることから（770条1項1号）、間接的に認められる。道徳的には当然の義務であるが、法的にも、貞操義務違反は離婚原因となり、また、不貞行為の相手方（夫の浮気の場合には相手の女性）に対して、配偶者（妻）から慰謝料請求ができる。これは、不貞行為の相手方が、夫または妻としての権利（身分権としての一種の人格権）を侵害したことを理由とする不法行為責任である。一方で最高裁は、婚姻破綻後の不貞行為において、不法行為の成立を否定する[*7]。

とはいえ、夫が浮気をした場合に、相手の女性が意図的に夫をたぶらかし家庭を崩壊させたのならともかく、夫も自由意思のもとで行動していることが多い。それなのに、夫の責任を問わず、相手の女性の責任だけを追及するのでは、夫の浮気の責任を相手の女性に転嫁するのに等しい。しかし、不貞行為における不法行為責任としての不貞の慰謝料には、配偶者（妻）の被害感情の満足という機能があるとして正当化されている。学説は、この考え方に反対し、貞操義務は、夫婦相互の義務だから、貞操を約束し合った当事者を拘束するものであり、自由な主体的意思で不貞行為をした以上、責任はその配偶者にあり、相手方には法的責任はないとする。

[*6]
生活保持義務
「最後に残された一片の肉まで分け与えるべき義務」
→夫婦と未成熟子の扶養に妥当

生活扶助義務
「己れの腹を満たして後に余れるものを分かつべき義務」
→夫婦と未成熟子以外の親族扶養に妥当

[*7] すなわち、不貞行為が配偶者との関係で不法行為になるのは、「婚姻共同生活の平和の維持という権利又は法的保護に値する利益を侵害する行為」だからであって、婚姻が破綻した後にはこのような権利または利益はもはや存在しないというのがその理由である〔最判平成8年3月26日民集50巻4号993頁〕。

日本人の家族観

57頁のコラムにもあるように、選択制夫婦別姓（法律的には夫婦別氏）制度の導入は、国会での度重なる反対があり、実現していない。平成27年判決も令和3年決定も、最高裁大法廷は夫婦同氏の規定を合憲とした（ただし5名あるいは4名の裁判官は違憲としており、多数意見も、選択的夫婦別氏の考え方を否定してはいない）。つまり、夫婦が別の姓を称することは、①家族の一体感を損なう、②子どもの不利益になる、③日本の伝統にもとる、などという反対論も、なお根強いということである。一方、（圧倒的多数が夫の姓を選ぶ現状からすれば）職業を持って社会で活躍している女性にとって、婚姻によって姓を変えることは、職業上の実績・知名度などからして、大きな不利益になることも確かである。なお、日本学術会議の提言によると、世界で夫婦同氏を強制する国家は、現在日本だけであるという（かつて強制されていた、ドイツ、トルコ、インド、タイでも選択制に移行した）。難しい問題だが、皆さんも、国民性や価値観の多様性なども意識しつつ、考え、また発言をしてほしい。

column

●婚姻の効果の財産的な側面

　次に婚姻に伴う財産的な効果についてみてみよう。婚姻は共同生活だから、夫婦のお互いの財産が共同で使用され、お互いの協力で財産が形成される。夢子さんも、Ａ夫と暮らす新居に、洋服ダンスや机、ベッドなどの家財道具を嫁入り道具として持ち込んだ。これらの家具は婚姻中２人で使ってきた。一方、新居のマンションはＡ夫が自分の名義で住宅ローンを組んで購入した。

　民法は、法定の夫婦財産制度として、婚姻費用の分担に関する規定（760条）、日常家事債務の連帯責任に関する規定（761条）および夫婦別産制の原則を定める規定（762条）の３か条を置いている。

●夫の物は夫の物、妻の物は妻の物──夫婦別産制（762条）

　夫婦別産制（762条）とは、夫・妻それぞれ自分の財産は自分に帰属するということである。たとえば、婚姻前から有する財産や婚姻中に自己の名で得た財産、自分で代価を払って購入した財産、自分で働いて得た賃金などは、その人の**特有財産**（夫婦の一方が単独で有する財産）としてその人に帰属し、その人が自分で管理する。これに対して、お互いに協力して形成した財産など夫婦のどちらに属するかわからない財産は、２人の共有財産と推定される。

●婚姻共同生活のための生活費──婚姻費用分担義務（760条）

　夫婦間には同居協力扶助義務があることを学んだが、具体的な生活費の支払い分担に関する義務が規定されている。それが婚姻費用分担義務(760条)である。婚姻共同生活から生じる費用は、それぞれが各自の収入に合わせて分担して支出する。家事労働という現物出資の形で分担してもよい。夫は生活費を入れ、妻は家事をするという役割分業も、婚姻費用分担の一方法である。具体的には、夫婦の衣食住に関する費用、教養娯楽費、子の養育費なども含まれる。なお、妻のへそくりは、一般には婚姻生活費用として捻出された財産であったが結果的に余って貯蓄されたものだから、夫婦の共有財産となる（銀行預金として明らかに貯蓄しても、へそくりとして密かに貯蓄しても、婚姻費用としては同じ）。これに対して、婚姻費用として拠出する必要がなかった財産で、合意の上で認められた「小遣い」については、各自が自由に使用・処分できる。

●妻が買った贅沢品、誰が支払う？──日常家事債務の連帯責任（761条）

　日常家庭生活の債務は夫婦相互の責任となるというのが、日常家事債務の連帯責任（761条）である。このように考えないと、夫婦の一方と取引する相手方が困ってしまう。スーパーの店員は、夢子さんが買う晩ごはんの食材につい

民法762条
１項　夫婦の一方が婚姻前から有する財産及び婚姻中自己の名で得た財産は、その特有財産（夫婦の一方が単独で有する財産をいう。）とする。
２項　夫婦のいずれに属するか明らかでない財産は、その共有に属するものと推定する。

民法760条
夫婦は、その資産、収入その他一切の事情を考慮して、婚姻から生ずる費用を分担する。

民法761条
夫婦の一方が日常の家事に関して第三者と法律行為をしたときは、他の一方は、これによって生じた債務について、連帯してその責任を負う。ただし、第三者に対し責任を負わない旨を予告した場合は、この限りでない。

て、いちいちＡ夫に、「今晩はカレーらしくて、じゃがいも、人参、玉ねぎ、それと3000円もする松坂牛のブロックを奥さんが買ってますけど、支払い大丈夫ですよね？」と確認しなければ安心して取引できない。契約の相手方も、晩ごはんの買い物だとか日常家事に関する取引については、夫か妻かではなく夫婦双方と契約すると考えるのが普通だから、夫婦の一方と取引関係に立つ者を保護するために、夫婦の共同責任（連帯責任）としている。この点、夫婦共働きで、各自が固有の財産を持つ場合には、このような相手方保護の必要性も低い。

　そうなると、次に問題となるのは、どういった買い物が日常家事の範囲に入るかである。夢子さんが買うブランドバッグなどもすべて入るというのでは、Ａ夫もたまったものではない。婚姻生活を営む上で日常必要とされるものが含まれ、衣食住の生活資材の購入、子の養育に必要なもの、家族の教養娯楽や保険費用がこれに該当する。裁判例では、学習教材や寝具など日常家事的な商品の購入であっても、家計の収入額に対してあまりに高額な商品であったりする場合に、日常家事の範囲外としたものがある。つまり、夫婦の収入、社会的地位、教育環境なども、日常家事の範囲か否かの判断に影響を与えるということである。しかし、取引の相手方は、Ａ夫の収入がいくらぐらいか、会社では課長か部長かなどといったことを普通は知らない。だから、こういった主観的な容易に知り得ない事情で日常家事の範囲内かどうかを判断されては取引の安全を害する。平均的な月々の家計に支障を来さない程度、せいぜい５万円くらいまでの商品購入や借金に限るという、客観的な基準による日常家事性の判断を導入すべきとの説が主張されている。

　では、夢子さんがＡ夫に相談せずに電子レンジを買い替えた場合についてはどうだろうか。婚姻生活を営む上で日常必要とされ、特別に高額でなければ、日常家事の範囲内となり、Ａ夫にも支払義務が生じる。しかし、その電子レンジが外国製のブランド物でプロ仕様のオーブン機能も付いた50万円もするもので、Ａ夫もまだ入社１年目のヒラ店長であった場合には、日常家事の範囲外となり、Ａ夫に支払義務は生じない（夢子さんのみに支払義務が生じる）。

⇨コラム 法定財産制と契約財産制

夫婦別産制（民法762条）
別々　夫のものは夫のもの
妻のものは妻のもの

↓

婚姻費用分担義務（760条）
各自の収入に合わせて分担　専業主婦の妻は家事労働という現物出資
夫は生活費として月〇万円入れる＋週末家事労働

↓

日常家事債務の連帯責任（761条）
日常家事の範囲内については夫婦双方の責任であって、別々でなく、分担区分もなし

もし子どもができたら（親子）

●母子関係と父子関係──親子関係の発生

　成長途上にある子は１人で生きていけず、援助を必要とする。民法の家族法

分野の親子に関する法は、法律上の親子関係を確定し、その子のために親を確保し、また、親がいない場合には後見人を確保することを目的とする。

自然の血縁に基づいて法的親子関係が生じる場合が**実子**であり、養育の意思に基づいて法的親子関係が成立する場合が**養子**である。

法律上の実親子関係の発生について、妻が婚姻中に懐胎した子、および婚姻前に懐胎し、婚姻成立後に出生した子は夫の子と推定され（民法772条1項）、これにより父子関係が推定される（父性推定という）。これに対して、婚外子の場合、その母子関係は、出産・分娩の事実によって当然に発生するが（認知は不要）、父子関係のみ認知によって創設される。父が任意に認知しないときは、子は認知の訴えを提起することができる（強制認知）。現在では、DNA鑑定によりほぼ100％の確率で父子関係の存在を確定でき、裁判所でも利用されている。⇨ コラム 非嫡出子差別禁止

●嫡出推定＝否認制度、再婚禁止期間の廃止

民法772条1項により、妻が婚姻中懐胎した子および婚姻前に懐胎し婚姻成立後に出生した子を夫の子と推定することを**嫡出推定**という。さらに、妻が婚姻中に懐胎したことの証明も簡単ではないため、婚姻成立の日から200日を経過した後と、婚姻解消・取消しの日から300日以内に出生した子は、婚姻中に懐胎したものと推定されるとともに、婚姻前に懐胎した子については、婚姻成立の日から200日以内に出生した子が推定される（2022年改正772条2項）。

嫡出推定はあくまで推定にすぎず、事実に反する場合はこの推定を争うことができる（774条）。これが**嫡出否認の訴え**という制度である。この訴えは訴訟に限定され（775条）、しかも、所定の者ごとに子の出生を知った時や子の出生の時から3年以内に提起しなければならない（777条）。親子関係の早期確定が、子のためになると考えられるからである。

民法772条
（2022年12月20日改正、同16日公布、1年6カ月以内に施行）

1項 妻が婚姻中に懐胎した子は、当該婚姻における夫の子と推定する。女が婚姻前に懐胎した子であって、婚姻が成立した後に生まれたものも、同様とする。

2項 前項の場合において、婚姻の成立の日から200日以内に生まれた子は、婚姻前に懐胎したものと推定し、婚姻の成立の日から200日を経過した後又は婚姻の解消若しくは取消しの日から300日以内に生まれた子は、婚姻中に懐胎したものと推定する。

3項 第1項の場合において、女が子を懐胎した時から子の出生の時までの間に2以上の婚姻をしていたときは、その子は、その出生の直近の婚姻における夫の子と推定する。

4項 前3項の規定により父が定められた子について、第774条の規定によりその父の嫡出であることが否認された場合における前項の規定の適用については、同項中「直近の婚姻」とあるのは、「直近の婚姻（第774条の規定により子がその嫡出であることが否認された夫との間の婚姻を除く。）」とする。

法定財産制と契約財産制

夫婦の財産関係を法定財産制ではなく夫婦間の合意（＝夫婦財産契約）に服させることができる（755条）。この合意はプリナップ（婚前契約）と呼ばれ、日本では芸能人や資産家が離婚に備えて行うイメージだが、外国ではポピュラーである。夫名義の婚姻住宅の単独処分を制限するとか、専業主婦の結婚生活を保護する内容の合意もある。それでは「夫婦間で一切扶養義務を負わない」とす

る合意は有効だろうか。公序良俗に反しない合意であっても、夫婦の平等や個人の尊厳を害するような内容は許されない（2条）。中高年・高齢者の再婚に限らず、若いカップルも婚姻費用分担について定めたり、外出するときは手をつなごうとか、夫婦の財産関係とは直接関連しないようなことまで定めたりできる。

column

*8 772条3項の規定は、様々な事情で出生届を出さないことで生じる無戸籍者問題を解決することにつながると考えられている。無戸籍者の場合、住民票がないので、パスポートや運転免許証の取得、銀行口座の開設が困難となり、遺産相続にも影響する。その事情の大多数を占めるのが嫡出推定による弊害であった（結婚生活が破綻しても、離婚成立に時間がかかり、その間に新しいパートナーとの間にできた子が、出生届では元夫の子となってしまうとか、夫の暴力などDV被害を受けていた場合には、加害夫が子の父親となってしまうなど）。

ところで、妻が婚姻中に懐胎した子らに父性推定・嫡出推定が及ぶといっても、夫婦が離婚を前提に別居している場合などにまで、夫の子と推定することはできない。このような「推定の及ばない嫡出子」については、推定を前提にした嫡出否認の訴えは提起できず、**親子関係不存在確認の訴え**により、その父子関係を争うことになる。なお、離婚した女性は6か月間再婚できないとしていた**再婚禁止期間**の規定（民法旧733条）については、最高裁が平成27年12月に、この規定の100日を超える部分を憲法違反としたため、2022年改正法は、再婚禁止期間の規定そのものを廃止し、母が、子の懐胎から子の出生までの間に複数の婚姻をしており、嫡出推定により父と推定される者が複数存在する場合には、直近の婚姻の夫の子と推定するというルールを設けた（772条3項）[8]。

⇨**コラム** 民法等の一部を改正する法律案の成立

● 人工生殖

生殖医療の進歩により、夫または妻に不妊の原因がある場合に、人工授精や体外受精という方法で子を持つことができるようになった。

夫に不妊の原因がある場合で、人工授精により、夫の精子を妻の胎内に注入する場合（AIH）には、性交による生殖が人工的技術に代わっただけだから、民法の嫡出推定の規定が適用され、夫が父となる。また、第三者の精子を妻の胎内に人工的に注入する場合（AID）も、妻が婚姻中に懐胎した子であるから、夫の子という推定が働く。夫の精子が利用されていないが、現在の日本では、夫婦の合意の下でAIDが実施されている以上、子の出生前に夫が嫡出性の承認（776条）をしたものとして扱い、推定される嫡出子とする。

非嫡出子差別禁止　ひちゃくしゅつしさべつきんし

最高裁は、2013年、嫡出子と嫡出でない子（非嫡出子・婚外子）の法定相続分を区別する民法900条4号但書前段（「嫡出でない子の相続分は、嫡出である子の相続分の2分の1とし」）が憲法14条1項に違反するとの決定を、全員一致で下した〔最大決平成25年9月4日民集67巻6号1320頁〕。この大法廷決定を受けて、同年12月5日に民法が一部改正され、900条4号但書前段は削除された。

大法廷決定の理由として、①社会の動向・家族形態の多様化・国民意識の変化、②国際的状況（ドイツやフランスなど欧米諸国で嫡出子と非嫡出子の相続分差別を禁止する立法が制定され、また、日本も批准する国際人権規約・児童の権利条約で

は、児童が出生によっていかなる差別も受けない旨の規定がある）、③国籍法や戸籍の取扱いにおける嫡出子・非嫡出子の区別撤廃、④これまでの判例における度重なる問題の指摘を挙げ、これらを総合考慮すれば、家族という共同体における個人の尊重がより明確に認識されてきたことは明らかであり、法律婚制度の下で父母が婚姻関係になかったという、子にとっては自ら選択ないし修正する余地のない事柄を理由としてその子に不利益を及ぼすことは許されず、子を個人として尊重し、その権利を保障すべきであるという考えが確立されてきているとする。

column

妻に不妊の原因がある場合で、他の女性の卵子の提供を受けた体外受精を実施する場合には、AID の体外受精版となる。卵子の提供者と分娩者が分離することになるが、AID との対比からみても、分娩した者を母とすべきである。

問題となるのが代理母の場合である。代理母が子を分娩するので、法律上の母は代理母となり、依頼主である妻は、子を養子として引き取るしかない。

また、この場合の父子関係については、たとえ依頼主である夫の精子が使われた場合でも、妻が妊娠した子ではないので、認知なしに父子関係は成立しない。もし代理母が婚姻していれば、その代理母の夫からみれば、自分の妻が妊娠したのだから、生まれてきた子は、代理母とその夫の子と推定されてしまう。代理母の夫に、嫡出否認の訴えをしてもらわなければならない。

●**子の保護──児童虐待の問題**

未成年の子は親権に服し（818条1項）、嫡出子の場合には、父母の婚姻中は、共同で親権を行使するのが原則である（共同親権）（818条3項）。父母の一方が死亡したり離婚した場合には、父または母の単独親権となり、親権者がいない場合には、後見が開始する（838条1号）。親権の内容は、身の回りの世話（身上監護）（820条）と財産管理である（824条）。

最近、親などによる子の身体的虐待やネグレクトが社会問題となっている。子の虐待に対しては、親権喪失の手続をとることができる（834条）。ただ、児童虐待の問題は、その早期発見が不可欠であり、児童福祉法所定の一般的な通告義務（児童福祉法25条）のみならず、児童相談所職員による立入調査や緊急の場合の一時保護（児童福祉法33条参照）といった公的な介入が必要である。

⇨コラム **親権喪失・親権停止・管理権喪失に関する民法改正**

民法等の一部を改正する法律案の成立

法務省法制審議会民法（親子法制）部会は、2022年2月に民法（親子法制）等の改正に関する要綱案を公表した。この要綱案では、①懲戒権の見直し、②嫡出推定の見直しおよび女性の再婚禁止期間の撤廃、③嫡出否認制度の見直し、④第三者の提供精子を用いた生殖補助医療により生まれた子の親子関係に関する特例の見直し、⑤認知制度の見直し、を提示した。この要綱案に沿って、2022年12月10日に「民法等の一部を改正する法律案」が成立した（1年6カ月以内に施行される）。

①については、身体的な暴力を加える体罰のほか「心身の健全な発達に有害な影響を及ぼす言動」も許されないとし、子どもの権利条約にそって、子の「人格を尊重する義務」や「年齢や発達程度に配慮する義務」も盛り込んだ。②については、再婚禁止期間の撤廃は女性のみが婚姻の制約を受ける状況の解消につながり、制度的な男女不平等の是正に資するものとなる。④については、要綱案は嫡出否認権者に関する対応に留まるが、生殖医療技術の適正な利用の基盤となる施術医療機関や情報の公的管理制度、利用可能な技術範囲、手続を定めた行為規制の整備も必要である。

民法818条
1項　成年に達しない子は、父母の親権に服する。
2項　子が養子であるときは、養親の親権に服する。
3項　親権は、父母の婚姻中は、父母が共同して行う。ただし、父母の一方が親権を行うことができないときは、他の一方が行う。

民法820条
親権を行う者は、子の利益のために子の監護及び教育をする権利を有し、義務を負う。

民法834条
父又は母による虐待又は悪意の遺棄があるときその他父又は母による親権の行使が著しく困難又は不適当であることにより子の利益を著しく害するときは、家庭裁判所は、子、その親族、未成年後見人、未成年後見監督人又は検察官の請求により、その父又は母について、親権喪失の審判をすることができる。ただし、2年以内にその原因が消滅する見込みがあるときは、この限りでない。

もし別れることになったら（離婚）

●これからの自分──離婚法の目的

民法763条
夫婦は、その協議で、離婚をすることができる。

民法770条
1項　夫婦の一方は、次に掲げる場合に限り、離婚の訴えを提起することができる。
1号　配偶者に不貞な行為があったとき。
2号　配偶者から悪意で遺棄されたとき。
3号　配偶者の生死が3年以上明らかでないとき。
4号　配偶者が強度の精神病にかかり、回復の見込みがないとき。
5号　その他婚姻を継続し難い重大な事由があるとき。
2項　裁判所は、前項第1号から第4号までに掲げる事由がある場合であっても、一切の事情を考慮して婚姻の継続を相当と認めるときは、離婚の請求を棄却することができる。

夢子さんはA夫の浮気が原因で不和になってしまった。両者に対して、円満な夫婦生活の回復に向けた努力を強制することもできない場合、破綻し形骸化した婚姻から当事者を解放し、再婚や自立の自由を保障することが建設的である。これが民法の中の離婚に関する法の第1の目的である。また今日、離婚した女性や母子の生活は決して楽ではなく、これらの離婚弱者を保護すべく法が介入し、離婚から生じる不公正な結果を防ぐ必要がある。これが離婚法の第2の目的である。

●離婚の種類

民法が定める離婚は、協議離婚（763条）と裁判離婚（770条）である。協議離婚は、夫婦の間に離婚の合意がまとまり、戸籍法の定めに従い届出をすれば成立する。裁判離婚は、民法の定める一定の離婚原因がある場合に離婚の訴えが認められ、判決によって成立する。なお、民法が定める離婚方法のほか、家事事件手続法および人事訴訟法が定める離婚方法がある。

●協議離婚

協議離婚により離婚するカップルが全体の約9割を占めるとされる。協議離婚は、離婚問題を当事者の自主的解決にゆだねるものであり、家族のプライバシーを守ることができるという利点がある。しかし、戸籍係には実質的審査

親権喪失・親権停止・管理権喪失に関する民法改正

従来あらかじめ期限を定めて親権を制限する制度は存在しなかったが、2011年改正で民法834条の2が新設され、家庭裁判所は、「父又は母による親権の行使が困難又は不適当であることにより子の利益を害するとき」に2年以内の期間を定めて親権停止の審判をすることができるようになった。

同時に改正された児童福祉法では、親権喪失制度に関する児童相談所長の権限や施設長の権限も大幅に拡大され、一時保護についても見直しがなされた（児童福祉法33条、47条参照）。

児童虐待による死亡事案を受けて、2016年、2017年、2019年と児童福祉法や児童虐待防止法の一部改正が相次いだ。さらに2022年改正児童福祉法（2024年4月1日施行）では、児童相談所が虐待を受けた子どもを保護者から引き離す「一時保護」の際に、裁判所が必要性を判断する「司法審査」の導入や、市区町村における「こども家庭センター」の設置などが盛り込まれた。

さらに、63頁のコラムで述べたように、2022年12月に成立した改正法により、懲戒権（822条）に関する規定が削除された。同規定は、親権者による児童虐待の口実になっていることが指摘されていた。改正法では、子の監護教育において親権者が「できること」が明示されなくなるとともに、体罰等禁止の明文化（821条）により、何が不適切な親権行使であるか（＝親権者が「できないこと」）を明確にした。

column

権がないことから、当事者双方の離婚意思を確認する手段がなく、一方的な離婚の届出や仮装離婚を防ぐことができない。また、財産分与や子の養育費などについて十分な協議がなされないまま離婚の届出だけがなされると、妻の経済的自立が不十分なまま、妻の保護と子の福祉が十分に図られない場合もある。不当な離婚を防止するため、離婚届けなどの不受理申出制度があり、不受理申出の受付から最長6か月間、届出が提出されてきても受理しない扱いとなる。

●調停離婚と審判離婚

　夫婦で話し合いがまとまらず協議離婚が成立しなかった場合、直ちに離婚の訴えを提起して裁判離婚となるのではなく、まずは家庭裁判所での調停を利用することになる（調停前置主義）。1人の裁判官と2人以上の家事調停委員から成る調停委員会によって合意が斡旋され、当事者間に合意が成立すれば、調停離婚が成立する*9。調停が成立しなかった場合、当事者は、離婚の訴えを提起することができるが、家庭裁判所が相当と認める場合（合意はほとんど成立しているが、些細な対立があって最終的な合意に至らない場合など）には、職権で審判をすることができる（審判離婚）。

●裁判離婚

　最後に用意された仕組みが裁判離婚である*10。裁判離婚は夫婦のどちらかが、一方的に離婚請求をするものである。だからそれだけ離婚を正当化しうる理由（離婚原因）が必要になる。民法770条1項では、不貞行為（1号）、悪意の遺棄（2号）、3年以上の生死不明（3号）、回復の見込みのない強度の精神病（4号）およびその他婚姻を継続し難い重大な事由（5号）の5つの離婚原因を規定する。

●「その他婚姻を継続し難い重大な事由」には何が含まれる？

　不貞行為（1号）とは、夫婦間の貞操義務に違反する行為のことであり、ここでの不貞は、解釈上、実際に性行為をした場合に限定される。これに対し、「その他婚姻を継続し難い重大な事由」（5号）は、現実に性行為に至らなくても、夫婦の信頼関係が破壊された場合に用いられる。

　「その他婚姻を継続し難い重大な事由」（5号）については、配偶者の一方が、相手方に対する愛情を喪失したとか、相手方との性格の不一致、相手方の生活態度が気に入らないといった種々の場合が該当する。一方が婚姻継続の意思を失っているなら、たとえ他方がそうでなくても、その婚姻は破綻しているといわなければならず、5号に該当するといえそうである（破綻主義）。しかし、

*9　離婚訴訟が始まってからでも、当事者間で離婚の合意が成立すれば、和解調書にその旨を記載することによって、確定判決と同様の効力が認められる（和解離婚）。また、被告が原告の主張を全面的に受け入れる場合にも、離婚が成立する（認諾離婚）。

*10　離婚調停をIT化する改正家事事件手続法が2022年5月に成立した。2021年末から家事調停でのウェブ会議試行がスタートしており、家事事件手続のIT化が進められてきた。離婚調停は近年、年間2万件前後が成立しており、IT化により離婚調停の全過程をウェブ会議で行うことができれば、相手方からDV被害を受けている場合や、単身で育児をしていて仕事を休みにくい場合などでも利用がしやすくなる。

実際には、破綻の事実が認定されるだけでは不十分で、継続し難いかどうかの判断もなされた上で認められる。判例では、暴行・虐待（DV）、犯罪行為、浪費癖、性行為不能、性格不一致、親族との不和などがあった場合に5号にあたるとされている。これらの事情に加え、長期の別居があれば、5号に該当すると認められやすい。⇨ コラム 有責配偶者からの離婚請求

●離婚の効果①──人格的効果

離婚の成立により婚姻関係が終了すると、再婚が可能となり、姻族関係が終了し（728条1項）、苗字も旧姓に戻る（767条1項、771条）。しかし、復氏した配偶者が、離婚の日から3か月以内に戸籍係に届け出ることにより、婚姻中の氏を称することもできる（767条2項）。このことを婚氏続称という。

●離婚の効果②──財産的効果（離婚給付）

離婚に際して、配偶者の一方から他方に財産上の給付を行うことを、離婚給付といい、民法では、「財産分与」として制度化されている（768条）。財産分与は、当事者の協議によって決まるが、協議が調（ととの）わない場合には、家庭裁判所の審判によって定められる。

財産分与は、夫婦財産の清算をその第一義的内容とするが、その他に、離婚後の扶養（援助）および損害賠償という要素もある。

夫婦財産の清算は、財産分与の中心部分であり、清算の対象となる財産は、名義のいかんにかかわらず、婚姻後に夫婦の協力によって取得した財産である。住宅ローンの場合は、夫が自分名義の住宅を保持し、ローンの弁済も続け、妻には財産分与として住宅の価値の一部を金銭で与えることが多い。退職

民法767条
1項　婚姻によって氏を改めた夫又は妻は、協議上の離婚によって婚姻前の氏に復する。
2項　前項の規定により婚姻前の氏に復した夫又は妻は、離婚の日から3箇月以内に戸籍法の定めるところにより届け出ることによって、離婚の際に称していた氏を称することができる。

有責配偶者からの離婚請求

　それでは、5号の離婚請求を、自ら不貞行為などをはたらいて婚姻破綻の原因を作った配偶者（有責配偶者という）が行うことはできるだろうか。たしかに、5号の規定を見る限り、離婚請求者の責任の有無は問題とされていないから、自ら婚姻生活を破綻に導いた者でも、客観的に婚姻を継続し難い場合であれば、離婚が認められることになる。しかし、これでは、婚姻の継続を望んでいる相手方配偶者に苦痛を与え、生活上の困難を生み、子の福祉を害する場合も出てこよう。

　最高裁は、①夫婦の別居が両当事者の年齢および同居期間との対比において相当の長期間に及び、②その間に未成熟子が存在しない場合には、③相手方配偶者が離婚により精神的・社会的・経済的にきわめて過酷な状態に置かれるなど、離婚請求を認容することが著しく社会正義に反するといえるような特段の事情が認められない限り、有責配偶者からの請求であるとの一事をもって離婚請求が許されないとすることはできないとしている。したがって、婚姻が破綻しており、離婚請求が信義則に反しないことを前提に、これらの3要件を満たす場合には、有責配偶者からの離婚請求が認められることになる。

column

金は、配偶者の協力を評価し、また**夫の年金**も、妻の寄与・貢献があって初めて実現できたといえるので、財産分与の対象となりうる。2004年の年金改革関連法により、2007年から、離婚後2年以内の請求で、夫婦の合意または裁判所の決定により厚生年金の分割が可能となり、婚姻期間中に夫が納付した保険料の2分の1を妻が納付した扱いにし、分割が認められている。

●離婚の効果③──子への配慮

両親の離婚によって傷つき、辛い思いをする未成熟の子は多い。離婚後の親権者の決定や、別居している親との交流（面接交渉）、養育費の負担など、子のために配慮すべき点がたくさんある。

子が未成年の場合、父母が離婚したときには、**協議によって父母の一方を親権者に指定**しなければならない（819条1項）。多くの場合、離婚後、親権者になった方が子を引き取り、監護・教育を行う。協議が調わないときは、家庭裁判所が**審判**で定める（家事事件手続法284条）。子が15歳以上のときは、家庭裁判所は**子の陳述**を聴かなければならない（家事事件手続法169条、152条2項）。

養育費については、離婚しても親であることには変わりないから、別居親も子を扶養する義務がある。子から親に対する扶養請求については、夫婦が別居中の場合には、子と同居する親から他方に対して**婚姻費用分担請求**の形をとり、離婚の場合には、親権者から、子の監護に関する処分として**監護費用（養育費）の負担**や増額を請求する形をとることが多い。**養育費算定基準**として、養育費・婚姻費用算定表（裁判所HP）が公表され実務にも定着しているが、最低生活水準に満たなかったり、母子家庭の貧困を押し進めるなど、子どもの成長発達の保障を満たさないという批判もある。

課題

この章のテーマをさらに深めるために

● 女性の職場進出が進み、共働き夫婦の夫と妻の職場が遠く離れ、はじめから別居を前提に結婚する場合もある。この場合、同居義務をどう考えればよいだろうか。同居は夫婦共同生活の本質的要素だから、別居が前提の婚姻は無効であったり、同居義務違反になるのか考えてみよう。

● 離婚給付において、専業主婦の家事労働はどのように評価されるのだろうか。長らく専業主婦をしたために所得能力を減少させた場合、離婚後、自立のための教育訓練を受ける費用についても請求できないだろうか。

第6章 民法と刑法はどう違う?

刑法（犯罪と刑罰）

講義の間の休み時間、希望（のぞむ）くんが眠そうにしている。最近、疲れ気味のようだ。かなえさんが心配そうに話しかける。

ノゾムさん、最近いつも眠そうですね？
ひょっとして新作ゲームにはまっちゃったとか？
まさか、夜中まで勉強してるわけじゃないですよね？

まさかとは失礼な。たしかに勉強じゃないけどさ。じつは翔（かける）くんがバイクで事故っちゃって、バイト休んでるんだ。代わりにぼくが入ることが多くなっちゃったから寝不足なんだ。
ま、授業中に寝てるからいいんだけどね。

えっ！ 事故って、人をひいちゃったんですか？

いや、雨の日に運転していて、スリップして
よそんちの生垣に突っ込んじゃったんだ。
幸い翔くんも軽いケガですんだみたいだけど。

そうなんですか。最近、交通事故で人を死なせた事件の裁判のニュースが話題になってるから心配しました。でも、生垣に突っ込んだってことはその生垣を壊しちゃったってことですよね？ これって、犯罪にはならないのかしら？

うーん。どうなんだろう。そういえば、刑法って法律もあるね。このまえ民法の先生が「不法行為」って話をしてたけど、それと犯罪とは何が違うんだろう？

今回の講義は
佐藤拓磨先生
刑法担当

- ●刑法ってどんな法律？
- ●民法とはどこが違うの？　それはなぜ？
- ●悪い行為でも法律がないと処罰できない！
- ●故意ってなんだろう？

刑法ってなんだろう？

　刑法とは、犯罪と刑罰に関する法である。六法をめくると「刑法」という法律をみつけることができるはずだ。中をみていくと、最初の方はなにやらわけのわからない条文ばかりが並んでいるが、途中からニュースなどでよく耳にする放火、殺人、窃盗、強盗といった犯罪が出てくる。しかし、犯罪と刑罰に関する規定は「刑法」という法律の中だけにあるのではない。たとえば、「特別背任罪」という犯罪を聞いたことがあるかもしれない。これは会社の取締役などが、その任務に背く行為を行って会社に損害を与えた場合に成立する犯罪だが、「会社法」という法律の中に規定が置かれている。また、自動車運転免許を持っている人は、「道路交通法」という法律があることをよく知っているはずだ。この法律は、道路交通に関するさまざまなルールを定めている。たとえば、法令で定められた最高速度を超えて車両を運転してはならない（道路交通法22条）、交通事故を起こした場合には、車両の運転者は、負傷者を救護し、道路における危険を防止する等必要な措置を講じた上、警察に報告しなければならない（同72条）等々である。そして、道路交通法は、同法が規定するルールに対する違反の一部について、罰則も定めている（同115条以下）。このように、犯罪と刑罰に関する規定はさまざまなところに散らばって存在している。

　刑法というとき、広い意味でこれらの犯罪と刑罰に関する規定すべてを指すことがある。これに対し、「刑法」という法律のみを指す場合、これとは区別する意味で、「刑法典」と呼ぶことがある。以下で刑法○○条というときは「刑法典」の中の条文のことを指すこととする。

　刑法というと、ニュースでは殺人事件や強盗事件などをよく耳にするが、自分はそういった犯罪はしないから縁遠い世界の話だと思うかもしれない。しか

自動車の運転により人を死傷させる行為等の処罰に関する法律5条
自動車の運転上必要な注意を怠り、よって人を死傷させた者は、7年以下の懲役若しくは禁錮又は100万円以下の罰金に処する。ただし、その傷害が軽いときは、情状により、その刑を免除することができる。

し、たとえば、われわれは道路を通行する際にはつねに道路交通法上のルールに直面している。道路を通行する際は、信号機の表示する信号にしたがわなくてはならず（道路交通法7条）、違反に対しては罰則もある。特に、自動車やバイクを運転する人は、自動車教習所で習った道路交通法上のさまざまなルールを守りつつ運転をしなくてはならないわけで、違反の場合には刑罰の対象となることもある。また、不注意により交通事故を起こして人を死傷させてしまった場合、過失運転致死傷罪（自動車の運転により人を死傷させる行為等の処罰に関する法律5条）に該当する。そう考えると、刑法は意外と身近な法である。

刑法は何のためにあるの？

●社会秩序の維持

　刑法は平和で安全な社会秩序を維持するための法である。刑法は、一定の行為を犯罪と定め、犯罪に対して刑罰を科すことを国民に示すことによって、犯罪を予防し、社会秩序の維持をはかっている。たとえば、刑法199条は、「人を殺した」者に対し、「死刑又は無期若しくは5年以上の懲役に処する」ことを定めている[1]。同条は、「人を殺す」行為を禁止し、これに違反した者に対しては厳しい刑罰を科すことを示すことにより、殺人が行われることを未然に防ぎ、「人の生命」という最も重要な法的利益が失われることがないよう、その保護をはかっているのである。ただ、実際には、犯罪はしばしば起こる。このように刑法が示す禁止のルールに違反して犯罪が行われてしまった場合、国家はその者に実際に刑罰を科すことによって、犯罪が行われたことにより社会に生じた動揺を沈静化させ、社会秩序の維持・回復をはかるのである。なお、犯罪に対する刑罰は一様ではない。刑法は、保護すべき利益の重要さなどを考慮して、さまざまな程度の重さの刑罰を用意している[2]。

●自由の保障

　刑法にはもうひとつ重要なはたらきがある。それは、国家によって刑罰が濫用されることを防止する機能である。後で説明するように、刑罰は、場合によっては人の生命をも奪う強力な制裁である。どのような行為が犯罪となるのかが法によって示されておらず、裁判官が自由に決定できるとしたら、国民は自分の行動が刑罰の対象になるのかどうかわからず、刑罰を恐れて自由に行動をすることができなくなるだろう。刑法は、犯罪となる行為とそれに対する刑罰を明示することによって、国民の行動の自由を保障する機能も有しているの

*1　2022年6月の刑法の一部改正により、懲役と禁錮の区別は撤廃され、拘禁刑に統合されることになった。ただし、第5版執筆時点では未施行である（2025年6月16日までに施行されることになっている）。

*2　たとえば、刑法199条の殺人罪には「死刑又は無期若しくは5年以上の懲役」という重い刑が定められているのに対し、刑法261条の器物損壊罪については「3年以下の懲役又は30万円以下の罰金若しくは科料」という比較的軽い刑が定められている。

である。このことから、刑法には罪刑法定主義という他の法分野にはない独特の原則がある。罪刑法定主義とは、どのような行為が犯罪となり、それに対してどのような刑罰が科されるのかは、あらかじめ法律[*3]のかたちで定められていなければならないという原則である。たとえどんなに非難に値する行為であっても、行為の時点で、そのような行為を犯罪とする規定がなければ処罰することはできないのである。「融通がきかないなぁ」と思われるかもしれないが、想像力を働かせれば、この原則がない世の中がどれだけ恐ろしいものかは理解できるはずである。

*3 ここでいう「法律」とは、憲法41条に基づいて国会が制定した法のことである。ただし、例外として、一定の範囲に限り、条例にも罰則を置くことが認められている（地方自治法14条3項）。身近なものとしては、「青少年保護育成条例」がある。

民法と刑法の違い

以上のことからわかるように、刑法は国家と個人といういわば「タテ」の関係にかかわるルールである。個人と個人の間の公平という「ヨコ」の関係にかかわるルールである民法の領域とはこの点が大きく異なる。したがって、従来、刑法の世界では、犯罪の被害者は表舞台には現れてこない存在だった。刑罰はあくまで社会秩序の維持などの公の目的のために科されるものであり、被害者の損害回復は民法の問題だとされてきたのである。刑事裁判もののドラマをみてもわかると思うが、刑事裁判の主要な登場人物も、裁判官・検察官（被害者ではない！）・被告人である。⇨ コラム 裁判員制度、 コラム 刑事裁判と被害者

刑法と民法の違いをより具体的に理解してもらうために、例を挙げよう。

Ａさんが書店で本を万引きして店の外に出たところ、店員につかまったとする。そのとき、Ａさんはとっさに次のように言い訳をした。

「盗んだ本は返します。それでいいでしょ！」または、

「お金は払います。だからもういいでしょ！」

このような言い訳は通用するだろうか？

裁判員制度

刑事裁判の主要な登場人物は、裁判官・検察官・被告人と書いたが、2009年5月21日から、いわゆる「裁判員制度」が施行されている。裁判員制度とは、殺人、強盗致死傷、現住建造物等放火、傷害致死、危険運転致死などといった一定の重大な犯罪に関する第一審の刑事裁判について、衆議院議員の選挙権を有する者の中から無作為抽出された6名の一般市民が、裁判員として、3名の裁判官とともに裁判を行い、有罪・無罪の決定および量刑の判断をするという制度である。ただし、例外的に4名の裁判員と1名の裁判官とで裁判が行われる場合もある。

裁判員には出頭義務や守秘義務が課され、違反に対しては罰則もある。ただし、法律で定められた理由に該当する場合には、裁判員になることを辞退することが認められている。

たしかに、盗んだ本を返してもらったり、後からでも代金をもらえば書店は損をしないといえる。しかし、それでいいのだろうか？　「いや、よくない」と皆さん思うだろう。ここで重要なのは、Aさんは万引きをしたことによって、「他人の物を盗むな」というルールに違反したという事実である。後で盗んだものを返そうが、代金を支払おうが、その事実に変わりはない。そこで、刑法的な見方からすれば、「他人の物を盗むな」というルールを維持するために、Aさんの行為は処罰されるべきだということになるのである。Aさんの行為は窃盗罪（とうざい）に該当する。

もうひとつ例を挙げよう。Bさんは、泥酔（でいすい）して電車内で寝ていたCさんから財布をすり取ろうと思い、Cさんに近づいてスーツの内ポケットに手を入れたところを、警察官に取り押さえられたとする。Bさんは次のように言い訳をした。このような言い訳は通用するだろうか？

「結果的にスリは失敗したんです。Cさんには迷惑をかけなかったんだからいいじゃないですか！」

たしかに、財布をすり取ろうというBさんのたくらみは失敗に終わっている。その結果、Cさんは財布を失わずにすんだ。しかし、刑法的な見方からすると、Bさんが他人の物を盗もうと考え、実際にそれを実行に移したという事実は見逃すことはできない。そこで、刑法は、一定の重大な犯罪についてはその未遂（みすい）も処罰している（刑法43条、44条）。Bさんの行為は窃盗未遂罪に該当する。

Aさんの例でもBさんの例でも、民法上の損害賠償は特に問題にならないと思われる。しかし、いま述べたように、**社会秩序の維持**という刑法の目的からは、Aさんの行為もBさんの行為も見逃すことはできない。このように、ひとつの「事件」に関しても、民法と刑法とでは関わり方がまったく違ってくるのである。

刑法43条
犯罪の実行に着手してこれを遂げなかった者は、その刑を減軽することができる。ただし、自己の意思により犯罪を中止したときは、その刑を減軽し、又は免除する。

刑法44条
未遂を罰する場合は、各本条で定める。

刑事裁判と被害者

本文で書いたように、伝統的に、刑法は社会秩序維持を目的にし、被害者の受けた損害の回復は民法の問題であるという考え方がとられてきた（民刑分離の思想）。その結果、刑事裁判においては、犯罪被害者は「かやの外」に置かれているといってもよい状態にあった。しかし、現在では、このような考え方には批判も強くなっている。そ

れに伴い、いくつかの制度改革も行われている。たとえば、2000年には、犯罪の被害者等が、刑事裁判の法廷で、事件に関する心情や意見を陳述できる制度が設けられた。また、2007年には、一定の犯罪に関する刑事裁判に限ってではあるが、裁判の手続に被害者等が参加できる制度が設けられた。

column

すべての「悪い」行為が犯罪となるわけではない

　ところで、世の中にはさまざまな「悪い」行為が存在する。たとえば、結婚しているにもかかわらず、配偶者以外の異性と性的関係を持ってしまうのは倫理的に問題のある行為である。民法上も、そのような行為は離婚原因となり得るし、慰謝料請求の原因にもなり得る。しかし、そのような行為を理由に誰かが警察に捕まったとか、刑務所に入ったという話を聞いたことがあるだろうか。ネット記事などでしばしば芸能人の不倫問題が取り上げられるが、そんな話を耳にしたことは一度もないはずである。それもそのはず、そのような行為は現在のわが国では犯罪とされていないからだ。

　法律を勉強したことがない人には意外に思えるかもしれないが、あらゆる「悪い」行為が犯罪として刑罰の対象とされているわけではないのである。しかし、社会秩序の維持という観点からすれば、「悪い」行為はすべて犯罪としてしまってもよいようにも思える。では、なぜそうはなっていないのか。その理由は、刑罰が極めて強力な制裁だからである。

　刑罰については、刑法9条以下に規定がおかれている。刑法9条によれば、死刑、懲役、禁錮、罰金、拘留及び科料が主刑、没収が付加刑[4]とされている。死刑とは犯罪者の生命を奪う刑罰である。懲役・禁錮・拘留は、犯罪者を一定期間刑務所に収容することによって自由を剥奪する刑罰である[5]。罰金と科料[6]は、犯罪者から一定の金額を剥奪する刑罰である[7]。このように、刑罰は、最も重い場合は人の生命をも強制的に奪ってしまう制裁である。また、刑務所に入って長い間社会から隔絶されれば、その人の人生は大きく変わってしまうだろうし、過去に刑罰を受けたことがあるというレッテルを貼られるだけでもその人の社会的評価にとっては大きなダメージとなろう。薬にたとえると、刑罰という制裁は、効き目が強力である反面、副作用も強いのである。

　そこで、刑法は、「悪い」行為の中でも軽微なものや、刑罰を用いて対応することがふさわしくないと思われるものについては刑罰の対象とせず、他の手段に対応を委ねている。

　たとえば、DさんとEさんとの間で、DさんがEさんにバイクを50万円で売るという契約をしたとする。Dさんは約束どおりにEさんにバイクを引き渡したにもかかわらず、Eさんは約束の期限を過ぎてもいっこうに代金を支払わない。Eさんは契約によって生じた債務を履行していないわけだから、契約違反

*4　主刑とはそれ自体単独で科すことができる刑罰のことであり、付加刑とはそれ自体単独で科すことができない刑罰のことをいう。付加刑は、主刑を言い渡す際にこれに付加するかたちでのみ言い渡すことができる。

*5　懲役の受刑者は刑務所内で所定の作業（これを刑務作業という）を義務づけられるのに対し、禁錮の受刑者はこれを義務づけられないという違いがある。注1で紹介した通り、2022年6月の刑法の一部改正により、懲役と禁錮の区別は撤廃され、拘禁刑に統合されることになった。拘禁刑では、受刑者の改善更生を図るため、必要な作業を行わせ、または必要な指導を行うことができることとされている。

*6　類似の制裁として「過料」があるが両者は別物である。科料は刑罰の一種であるのに対し、過料は行政的制裁である。

*7　罰金や科料を支払えない場合は、労役場に留置される（刑法18条）。

である。しかし、Eさんの行為は刑罰の対象とはならない。このようなトラブルは、民法上、「お金」の問題として解決すれば十分だからである。

　先ほどの不倫の例も、たしかに不道徳な行為ではある。しかし、夫婦間の問題に、国が刑罰を用いてズケズケと介入すべきであるかは、微妙である。また、不倫をした者は、その事実により社会的な評価や信用を失うだろうし、さらに、民法上、慰謝料を請求されることもあるだろう。このように不倫の代償としていろいろな意味で「痛い目」をみることになるのだから、それに加えてさらに刑罰を科すまでもないということができるのである。

　以上のように、刑法は、他の手段によるのでは解決できない場面にのみ登場する。その結果として、刑法は、世の中に数え切れないほどある反社会的行為のうち、特に重大なもののみをピックアップして刑罰の対象とするかたちになっている。刑法のもつこのような性格を、**刑法の補充性・断片性**という。これも民法にはみられない刑法の特徴である。

原則として故意犯しか処罰されない

　いま説明したように、刑法は世の中に存在する「悪い」行為のうち、特に重要なもののみを犯罪とし、刑罰の対象としている。そして、法律によって定められた「犯罪のリスト」に該当しない行為は、いかに非難に値するものであっても、犯罪として処罰できない（罪刑法定主義）。以上が、民法の不法行為の世界とは異なる刑法の特徴である。ここではさらに、もうひとつの大きな違いを挙げたい。それは、刑法には**故意犯処罰の原則**というものがあることである（刑法38条1項）。

　人に自分の行った行為についての責任をとらせるためには、その人に故意または過失があることが必要だというのが原則である。民法の不法行為についての授業で、「過失責任の原則」ということを習ったはずだ（第4章参照）。しかし、**刑法の世界では、それを超えて、犯罪を故意に行った場合のみを処罰するというのが原則なのである**。

　たとえば、刑法199条は、「人を殺した者は……」と定めている。刑法38条1項にしたがえば、「人を殺す」ということを知りながら人を殺害した場合のみがこれに該当するのである。したがって、自動車の運転中に不注意により目の前の人に気づかずにひき殺してしまった場合とか、山で狩猟をしているときに草むらの中にいた仲間を熊と見間違えて発砲して死なせてしまった場合は、

刑法38条
1項 罪を犯す意思がない行為は、罰しない。ただし、法律に特別の規定がある場合は、この限りでない。

刑法210条
過失により人を死亡させた者は、50万円以下の罰金に処する。

刑法211条
業務上必要な注意を怠り、よって人を死傷させた者は、5年以下の懲役若しくは禁錮又は100万円以下の罰金に処する。重大な過失により人を死傷させた者も、同様とする。

刑法199条には該当しない。ただし、過失により人を死なせてしまったケースについて、刑法は、199条とは別に210条、211条などを用意している。このように、例外的に、法律が過失犯を処罰する趣旨の「特別の規定」を置いている場合に限り、過失犯も処罰できることになっている（刑法38条1項但書）。

刑法典上の犯罪で、過失犯が処罰されているものはわずかしかない。過失により人を死傷させた場合（刑法209条〜211条）、失火の場合（同116条、117条の2）、過失により電車や艦船の往来に危険を生じさせたり、破壊、転覆させたりした場合（同129条）などのように、重大なものに限られている。ただし、刑法典以外の法律にも過失犯を処罰する規定はある。特に、われわれにとって身近な道路交通法には、**過失犯処罰規定がかなりある**。たとえば、速度超過、車両運転者の信号無視、安全運転義務違反、駐停車違反等々は、過失で犯した場合についても処罰される。自動車を運転する際は、「うっかりしてました」という言い訳は通用しないことを頭に入れておいたほうがよいだろう[*8]。

＊8　自動車運転の際の過失で人を死傷させた場合は、自動車の運転により人を死傷させる行為等の処罰に関する法律第5条により、7年以下の懲役または100万円以下の罰金により処罰される。

「悪い行為だとは知りませんでした」は言い訳にならない

故意については、すこし内容を詳しく説明する必要がある。**故意とは、現在の一般的な理解によれば、「犯罪を構成する事実が行為者の頭の中に浮かんでいる状態」**のことをいう。

たとえば、Fさんが自動車でGさんをひき殺したとする。このとき、Fさんの頭の中に「人を殺す」という事実が浮かんでいれば、Fさんは故意に殺人を犯したことになる。これに対し、FさんがGさんの存在に気づいていなければ、Fさんの頭の中に「人を殺す」という事実が浮かんでいないわけだから、殺人罪にはあたらない。例えて言えば次のようになる。人の頭の中をスクリーンに映し出すことができる装置があったとしよう。この装置を使ってFさんの頭の中をスクリーンに映し出したとする。スクリーンにFさんがGさんを車でひくシーンが映し出されていた場合、これが故意のある状態である。

ここまで読んで、「いったいなんでこんなややこしい説明をするんだろう。故意って、意図的に法に違反する場合じゃないの？」と思ったかもしれない。ところが、そうもいかないのである。なぜなら、現在の有力な学説および判例によれば、犯罪を構成する事実が頭の中に浮かんでいれば、それが法に反するとは知らない場合でも、故意は認められるからである。

具体的には、①その行為を禁止する法律の存在を知らなかった場合や、②そ

＊9　これに対し、Ｉさんから「預かっておいてくれ」といわれて預かったものが盗品だと知らなかった場合は、故意は認められない。

の行為は許されると誤解していた場合でも、故意がなかったことにはならない。たとえば、Ｈさんがｌさんから「盗んだものをしばらく預かっておいてくれ」と頼まれ、盗品だと承知の上でこれを保管しておいたとする。Ｈさんの行為は、刑法256条２項の盗品等保管罪という犯罪に該当する。「そんな条文があるなんて知りませんでした」といっても、同罪の故意がないことにはならない＊9。また、Ｊさんが交際相手のＫさんから突然フラれた腹いせに、インターネット上の掲示板に、Ｋさんの過去の悪事の数々をバラす書き込みをしたとする。Ｊさんの行為は刑法230条の名誉毀損罪にあたる可能性がある。仮にこれにあたる場合、Ｊさんが「名誉毀損罪にはあたらないと思っていた」とか、「自分のやったことはむしろ正しいことであり、違法なことだとは考えもしなかった」と主張したとしても、名誉毀損の故意がないことにはならないのである。

　以上のことは、刑法典以外の犯罪にも同様にあてはまる。一見厳しすぎるようにも思えるが、このような言い訳をいちいち許したのでは、ルールを示すことによって社会秩序の維持をはかるという刑法の目的を達成できないからである。刑法典上の犯罪はもちろんのこと、たとえば自動車を運転したり、株の取引を行ったりする場合には、その分野の法令を熟知しておくことが求められる。「違法性の意識はなかった」は言い訳にはならないことを肝に銘じておこう。

すべての犯罪に対して実際に刑罰が科されるわけではない

　この表題をみて「えっ！」と驚く人が多いかもしれない。これは多くの犯罪が発覚せずに刑罰を免れているということを指しているのではない。警察などに事件が認知された場合でも、裁判まで行かずに事件が処理される場合や、裁判で有罪となっても刑罰の執行が猶予されるケースがあるということである。「おかしいじゃないか！」と思う人もいるかもしれないが、これは刑罰が副作用の大きい強力な制裁だということに関係している。

　皆さんの中にも「魔がさした」という経験をしたことがある人はいるのではないだろうか？　そういう場合、たいてい後で問題になってから事の重大さに気づき、深く反省をするものである。世の中でもそういうことはしばしば起こる。たとえば、「でき心で万引きをしてしまった」という話はよく聞く。もちろん、そのような行為は絶対に許されないのだが、初犯で、被害金額も軽微であり、本人も罪を認めて深く反省し、身元引受人もいて再犯のおそれがないといったような場合についてまで、つねに裁判にかけて刑罰を科すべきかどうか

は難しい問題である。むしろその人を更生させるという観点からは、今回は刑罰を科さず、「同じことを繰り返したら刑罰を科される可能性があるぞ」ということを肝に銘じさせた方が合理的な場合も考えられるのである。そこで、このようなケースを刑事手続から外す制度が設けられている。これを**ダイバージョン**（diversion）という。成人の刑事事件の場合、通常、警察→検察→裁判→（有罪が確定すれば）刑の執行という流れで手続が進む。このそれぞれの段階で、ダイバージョンのための制度が用意されている。警察段階での微罪処分（びざい）（刑事訴訟法246条但書）、検察段階での起訴猶予（きそゆうよ）（刑事訴訟法248条）、裁判段階での執行猶予（しっこうゆうよ）（刑法25条以下）である。

　また、道路交通法違反については、**交通反則通告制度**という特別の制度が設けられている。この制度は、道路交通法違反のうち、違反の程度が軽く、悪質性の低い一定の行為（たとえば、駐停車違反）については、行政機関の通告に基づく一定の反則金を納めることにより、刑事手続の対象から外すという制度である。手続は以下の通りに進む。

　まず警察官等[*10]は、反則者をみつけたときは、現場で、その人に対し、反則行為にあたる事実の要旨など必要事項を書面で「告知」する[*11]。次に、告知をした警察官等は所轄の警察本部長にその旨を報告する。報告を受けた警察本部長は、反則者に反則金の納付を「通告」する。通告を受けた反則者が、通告を受けた日の翌日から10日以内に反則金を納付すれば、その事件について起訴されず[*12]、事件は終結するという流れである。なお反則者は、通告を待たなくても、告知を受けた日の翌日から7日以内に反則金に相当する金額を仮納付することができる。

　道路交通法の違反者をすべて裁判にかけ、さらに有罪の場合には刑罰を科すとしたら、裁判所はパンクしてしまうし、国民の大部分が「前科」をもつ者になってしまう。この制度はこれを回避できる点で、大変便利である。しかし、反則者とされた人の中には「自分は違反なんかしていない！」と争いたい人もいるかもしれない。そのような場合、正式な刑事裁判を求めることができる。

　なお、この制度は、①無免許運転や無資格運転にあたる場合、②酒酔い運転、酒気帯び運転、麻薬等の薬物影響下での運転の場合、③反則行為によって交通事故を起こした場合については適用されない。また、反則者の居所や氏名が明らかでない場合や、逃亡するおそれがある場合にも適用されない。

＊10　「等」と書いたのは、駐車違反に関しては交通巡視員も含まれるからである。

＊11　この告知書が青色であることから、「青色切符」とも呼ばれる。なお、通常、告知書とともに反則金の納付書も渡される。

＊12　少年が反則者の場合、家庭裁判所の審判に付されない。

より深く学びたい人へ

① 犯罪が成立するための３つの条件

　本文で述べたように、犯罪が成立するためには、まず行為が法律の定める犯罪のリストに該当することが必要である。

　しかし、犯罪が成立する条件はそれだけではない。行為が法律の定める犯罪のリストに該当しても、その行為が違法とはいえない場合がある。たとえば、ＬさんがＭさんに殴りかかってきたため、Ｍさんは身を守るためにとっさにＬさんを突き飛ばしたとしよう。Ｍさんの行為は、刑法208条の暴行罪に該当する。しかし、同時に、Ｍさんの行為はＬさんによる不正な攻撃から身を守るためのものであり、刑法36条の正当防衛にあたる。正当防衛にあたる場合、その行為は犯罪として処罰されない。正当防衛のように、行為の違法性を打ち消す事情を専門用語では「違法性阻却事由」という。犯罪が成立するためには、違法性阻却事由に該当する事実がないことが必要である。

　さらに、犯罪として処罰するためには、違法な行為を行ったことについて、行為者を非難できることが必要である。たとえば、重度の精神病によって幻覚に支配された状態で人に傷害を負わせた場合、確かに違法な行為を行っているといえるが、それについて行為者を非難することはできない。このような場合、専門用語では、行為者には「責任がない」といわれる。犯罪が成立するためには、行為者に「責任」が認められることが必要である。

　以上の３つの条件を満たして初めて犯罪の成立が認められる。犯罪が成立するための条件についてもっと詳しく知りたい人は、刑法の入門書や教科書を読んでみて欲しい。

② 同じ「うっかり」なのにどうして⁉

　本文で、自動車の運転中に不注意により目の前の人に気づかず、ひき殺してしまった場合は、殺人罪では処罰されないという例を挙げた。その理由は、殺人罪の故意が認められないからであった。他方で、「うっかり法律を見落としていました。だから故意はありません」という言い訳は通用しないとも書いた。どちらも同じ「うっかり」なのに、どうしてこんなに扱いに差が出るのだろうか？

　実は、この点については学者の間でも意見が分かれており、どちらも同じ「うっかり」なのだから、２つ目のケースでも故意は認めるべきではないという意見もある。しかし、多くの学者も裁判所もそのような考え方はとっていない。なぜだろう？　さすがに厳しすぎやしないか。こういう素朴な疑問を持つことは重要である。刑法の本質にも関わる重要問題なので、興味のある人はぜひ本格的に刑法の勉強にチャレンジしてもらいたい。

同じ法律でも刑法と民法じゃ
だいぶ感じが違うんだなー。

刑法の方が「社会秩序」とか「自由の保障」とか、
お堅い感じですね。

不注意で他人の物を壊しても犯罪にはならないんだね。た
しかに、うっかり他人の物を壊してしまうことは誰にでも
あるから、それが犯罪だったらみんな犯罪者になっちゃう
よな。翔くんの場合も生垣を壊しただけだから、弁償です
みそうでよかったよ。

弁償っていうのは民事ですよね？　でも、もしスピードを出し過
ぎていたり、お酒を飲んでいたりしたら、道路交通法で罪になる
可能性もあって、そうすると刑事事件になるんですよね？

法律なんてふだんは気にしないけど、なにかあったと
きは知ってると心強いな。いつ事故や事件に巻き込ま
れるかわからないもんな。

課　題

この章のテーマをさらに
深めるために

近年、いわゆる「あおり運転」が社会問題になっている。あおり運転で人身
事故を起こした場合にどのような犯罪が成立する可能性があるか、新聞記事
などを手がかりにして調べてみよう。

第7章 性的トラブルにまきこまれたら

刑法（性犯罪関係）

夢子、元気ないね。どうしたの？

バイト先のコンビニでよく来るお客さんに気に入られてしまったみたいなの。そのせいでよく眠れなくて。

それってどういうこと？

1か月くらい前なんだけど、お店に花束を持ってきて「きみに一目ぼれしてしまった」って言われたの。お客さんに「迷惑です」とは言えないから「仕事中なので受け取れません」って断ったら、帰り道に声をかけられて「今なら受け取れますよね」って。

やだ、待ち伏せしてたのかな。気持ち悪いね。

びっくりしちゃって、「無理です」って言って走って逃げたんだけど、次の出勤日にもまたお店にきて、「花束が気に入らないなら手紙を受け取ってくれ、連絡先が書いてあるから連絡してくれ」って言うの。「受け取れません」って答えたら、「振り向いてくれるまで何度でもくるから」って言うから怖くなっちゃって…。

店長さんには相談したの？

今回の講義は
佐藤拓磨先生
刑法担当

うん。店長に相談したら、「2、3週間休みなさい。様子をみよう」って言ってくれたの。休んでる間はそのお客さんはお店にこなかったみたいなんだけど、昨日久しぶりにバイトに行ったら、そのお客さんが現れて「休んでたみたいだけど、どうしたの？」って。監視されているみたいで怖いって思うけど、なにもされてないのに警察に行くわけにもいかないよね？

なるほど。それは眠れなくなるのも無理ないね。

P OINT
第7章のポイント

● 身近な性犯罪について知っておこう
● どういう行為がストーカーになるの？
● リベンジポルノって何？

泣き寝入りしないために・加害者にならないために

> **刑法176条**
> 13歳以上の者に対し、暴行又は脅迫を用いてわいせつな行為をした者は、6月以上10年以下の懲役に処する。13歳未満の者に対し、わいせつな行為をした者も、同様とする。

高校時代と比べ、大学生になると、できることの範囲が大きく広がる。他人と親密な関係を持つ機会も増え、または持ちたいという誘惑にかられる機会も増えるであろう。同時に、性に関わるトラブルを引き起こす・巻き込まれる危険が増すのもこの時期である。

本章では、万が一性的なトラブルに巻き込まれた場合に泣き寝入りしないため、また、そのようなトラブルの加害者にならないために、身につけておきたい法的知識について説明する。

刑法上の性犯罪処罰規定

*1 以前は強姦罪と呼ばれ、被害者は女性に限られていたが、現在の条文では、男性も被害者となりうる。

刑法上の性犯罪に関する規定として、強制わいせつ罪（176条）、強制性交等罪（177条）*1、準強制わいせつ罪・準強制性交等罪（178条）、監護者わいせつ及び監護者性交等罪（179条）などがある⇨ **コラム** 監護者わいせつ罪・監護者性交等罪。これらは、他人の性的自己決定権、つまり誰との間で性的関係を持つかと

＊2　性的自己決定権の保護
をより強化するため、現在、
性犯罪規定の大幅な改正が進
められている。

いうことに関する自己決定権を侵害する罪だと理解されている＊2。ここでは、準強制わいせつ・準強制性交等罪を取り上げたい。

　強制わいせつ罪と強制性交等罪が、暴行・脅迫を用いて被害者の意思に反する形でわいせつ行為・性交等を行う犯罪であるのに対し、準強制わいせつ罪と準強制性交等罪は、精神的な障害によって正常な判断ができない状態にあったり、心理的・物理的に抵抗できない状態にある者に対してわいせつ行為・性交等を行う犯罪である。たとえば、お酒を飲みすぎて泥酔状態の人に対してわいせつな行為をするのは、準強制わいせつ罪が成立する典型例である。

　178条には「人の心神喪失若しくは抗拒不能に乗じ、又は……」と書かれている。したがって、はじめからわいせつ行為・性交等を行う目的で被害者にお酒を飲ませたのでなくても、被害者が自分で飲みすぎて泥酔状態にあるのに乗じてわいせつ行為・性交等を行えば、準強制わいせつ・準強制性交等罪が成立する。残念なことに、学生サークルなどの飲み会の席でこのような行為が行われる例は後を絶たない。性犯罪と聞くと暴力を伴うイメージを持つ人がいるかもしれないが、性犯罪の核心は、相手の意思を無視するという点にある。先ほど述べたような行為は、酒の席の悪ノリでは済まされない立派な犯罪であることは知っておきたい。

刑法177条
13歳以上の者に対し、暴行又は脅迫を用いて性交、肛門性交又は口腔性交（以下「性交等」という。)をした者は、強制性交等の罪とし、5年以上の有期懲役に処する。13歳未満の者に対し、性交等をした者も、同様とする。

刑法178条
1項　人の心神喪失若しくは抗拒不能に乗じ、又は心神を喪失させ、若しくは抗拒不能にさせて、わいせつな行為をした者は、第176条の例による。
2項　人の心神喪失若しくは抗拒不能に乗じ、又は心神を喪失させ、若しくは抗拒不能にさせて、性交等をした者は、前条の例による。

青少年保護育成条例

　刑法上の性犯罪に関する規定以外にも、性的行為を処罰対象とする規定は存在する。ここでは、都道府県の青少年保護育成条例における淫行処罰規定を取

監護者わいせつ罪・監護者性交等罪

　親からの子に対する性的虐待や、養護施設の職員からの施設の子どもに対する性的虐待は、被害が表に出ることが稀であるためあまり知られてはいないが、重大な性犯罪である。

　刑法は、以前から、13歳未満の者に対するわいせつ行為・性交等については、加害者が暴行・脅迫を用いなくても、また被害者の同意があったとしても、強制わいせつ罪・強制性交等罪で処罰できるようになっていた（刑法176条後段、177条後段）。これに加え、2017年に行われた刑法の改正では、18歳未満の者に対し、その者を現に監護する者が、その影響力に乗じて、わいせつ行為・性交等を行うことを処罰する規定が設けられた。これ

が刑法179条の監護者わいせつ罪・監護者性交等罪である。

　「監護する」とは、18歳未満の者の生活全般を継続的に保護・監督する立場にあることをいう。具体的には、親や里親、養護施設の職員などがこれにあたる。18歳未満の者と監護者との間の依存・被依存関係を利用した性的虐待を処罰するのが狙いである。監護者（加害者）が、被監護者である18歳未満の者（被害者）に対してわいせつ行為・性交等を行った場合には、加害者が暴行・脅迫を用いなくとも、また被害者の同意があったとしても、原則として、監護者わいせつ罪・監護者性交等罪が成立する。

column

刑法179条
1項 18歳未満の者に対し、その者を現に監護する者であることによる影響力があることに乗じてわいせつな行為をした者は、第176条の例による。
2項 18歳未満の者に対し、その者を現に監護する者であることによる影響力があることに乗じて性交等をした者は、第177条の例による。

*3 ただし、違反した者が青少年であるときは、処罰されない（30条）。

り上げよう。青少年保護育成条例は、青少年（18歳未満の者）を取り巻く望ましくない社会環境から青少年を保護し、その健全育成をはかる目的で設けられている条例である。その中に、青少年に対して淫らな行為を行うことを禁止する規定が置かれている。規定の内容は、都道府県ごとに違いはあるが、ここでは東京都の例をみてみよう。

「東京都青少年の健全な育成に関する条例」は、その18条の6で、「何人も、青少年とみだらな性交又は性交類似行為を行ってはならない」と定めており、これに違反した者は、2年以下の懲役または100万円以下の罰金に処せられる（24条の3）*3。「みだらな性交又は性交類似行為」というのは曖昧な表現だが、判例によれば、次のどちらかの条件を満たす行為を指す〔最大判昭和60年10月23日刑集39巻6号413頁〕。

①青少年を誘惑し、威迫し、欺罔（ぎもう）し又は困惑させる等その心身の未成熟に乗じた不当な手段により行う性交又は性交類似行為

②青少年を単に自己の性的欲望を満足させるための対象として扱っているとしか認められないような性交又は性交類似行為

つまり、真剣な交際に基づくものではなく、「遊び」で18歳未満の者（たとえば、高校生）と性的関係を持つことは、男女を問わず、犯罪になりうる。大学生は大人への移行期であるが、18歳を超えたら青少年を保護する立場に置かれることを自覚してほしい。

恋愛感情のもつれとトラブル

恋愛は、相手のあることであるため、つねに自分の思い通りになるとは限らない。それにもかかわらず、片思いがつのるばかりに行き過ぎた行動に出て、（本人には自覚はないのかもしれないが）結果的に相手に恐怖を与える人や、交際関係が破たんしたことを恨んで復讐的な行動に出る人がいる。最悪のケースでは、そのような行動がエスカレートして殺人事件に発展してしまうこともある。⇨ コラム 桶川ストーカー殺人事件

そのような最悪の事態に至らないように、警察等による早期介入を可能にしたのが、**ストーカー規制法***4である。また、2014年には、元配偶者・元交際相手に対する復讐目的でのプライベートな性的画像の公開（リベンジポルノ）に対処するためのリベンジポルノ防止法*5も作られた。

*4 正式名称は「ストーカー行為等の規制等に関する法律」。

*5 正式名称は「私事性的画像記録の提供等による被害の防止に関する法律」。

●ストーカー規制法

ストーカー規制法には２つの重要な概念がある。１つは、「つきまとい等」である。もう１つは、「ストーカー行為」である。それぞれ、この法律の第２条で厳密な定義がされているが、非常に複雑なので、以下では、多少不正確ではあるが、簡単に説明しよう。「つきまとい等」とは、特定の相手に対する恋愛感情を満たす目的で、または恋愛感情が満たされなかったことに対する怨恨の感情を満たす目的で[*6]、相手やその家族などに対して、次のいずれかの行為を行うことをいう（２条１項、２項参照）。

①つきまとい、待ち伏せ、進路への立ちふさがり、住居など通常相手がいる場所の付近での見張り、そのような場所への押し掛け、そのような場所の付近のうろつき。

②相手の行動を監視していると思わせるような事項の告知。

③面会、交際その他の義務のないことの要求。

④著しく粗野または乱暴な言動。

⑤無言電話、連続電話、メールやメッセージの連続送信、SNSへの書き込み。

⑥汚物等の著しく不快感や嫌悪感を催させるような物の送付。

⑦相手の名誉を害する事項の告知。

⑧相手の性的羞恥心を害する事項の告知、性的羞恥心を害する文書、写真、画像データの送付。

また、2021年５月の改正では、２条３項に「位置情報無承諾取得等」という概念が新たに付け加えられた。これは、「つきまとい等」と同様の目的で、相手方やその家族などの位置情報を無断で取得したり、位置情報記録・送信装置を無断で取り付けるなどの行為を行うことをいう。

ストーカー規制法３条は、つきまとい等または位置情報無承諾取得等により

*6　なお、条例では、恋愛感情やそれが満たされなかったことに対する怨恨の感情に基づかないつきまとい行為にまで処罰対象を広げている例がある（たとえば、東京都の「公衆に著しく迷惑をかける暴力的不良行為等の防止に関する条例」５条の２）。

ストーカー行為等の規制等に関する法律20条
前条に規定するもののほか、禁止命令等に違反した者は、６月以下の懲役又は50万円以下の罰金に処する。

桶川ストーカー殺人事件

1999年、当時大学生であった被害者が、被害者に拒絶的な態度をとられたことを逆恨みした元交際相手の男の仲間に刺殺された事件。殺害に至る前の段階で、元交際相手は、仲間らとともに、被害者やその家族に対し、脅迫や名誉毀損などにあたる行為を繰り返していた。被害者とその家族は、何度も警察に相談したにもかかわらず、適切な対応がとられなかった。

この事件は、ストーカーに対しては早期の段階で適切な対応が必要であること、放置した場合には殺人にも発展しうることを世間に知らしめた。この事件が１つの大きなきっかけとなり、2000年にストーカー規制法が制定された。その後、何度かの改正を経て、現在の形になっている。

相手に不安を覚えさせることを禁止している。この禁止に違反し、さらにこれ
らの行為を反復するおそれがある場合は、都道府県の公安委員会は、これらの
行為をした者に対して、さらに反復してこれらの行為をしてはならないことな
どを命じることができる（5条。これを禁止命令という）。この命令に違反した者
は、処罰の対象となる（20条）。

　次に、「ストーカー行為」とは、同一の相手に対し、不安を覚えさせるよう
な形でつきまとい等または位置情報無承諾取得等を反復することをいう（2条
4項参照）。ストーカー行為を行った者は、処罰の対象となる（18条）。

ストーカー行為等の規制等に関する法律18条
ストーカー行為をした者は、1年以下の懲役又は100万円以下の罰金に処する。

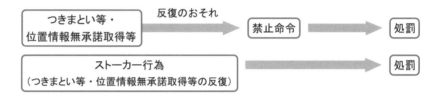

　ストーカー行為にあたる典型例として、たとえば、短期間の間に、何度も、
相手を待ち伏せてつきまとう行為、相手の住居やその付近の様子をうかがう行
為、電話の着信拒否の解除を要求する行為、プレゼントを受け取るよう求める
行為、相手の裸体写真を送る行為、などがある。

　ストーカー問題の難しいところは、加害者の多くが、自分が悪いことをして
いるという自覚がないことにある。ストーカーの加害者にはさまざまなタイプ
の人がいるようだが、警察からの警告や禁止命令を受けることで、自分の行為
が法に抵触することに気づき、行動がおさまることも少なくないようである。
自分がストーカー被害を受けていると感じたら、事態が深刻にならないうち
に、警察の相談窓口を利用するとよいであろう。

私事性的画像記録の提供等による被害の防止に関する法律3条
1項　第三者が撮影対象者を特定することができる方法で、電気通信回線を通じて私事性的画像記録を不特定又は多数の者に提供した者は、3年以下の懲役又は50万円以下の罰金に処する。
2項　前項の方法で、私事性的画像記録物を不特定若しくは多数の者に提供し、又は公然と陳列した者も、同項と同様とする。
3項　前2項の行為をさせる目的で、電気通信回線を通じて私事性的画像記録を提供し、又は私事性的画像記録物を提供した者は、1年以下の懲役又は30万円以下の罰金に処する。

●リベンジポルノ

　リベンジポルノとは、元配偶者や元交際相手から拒絶的な態度をとられたこ
との仕返しとして、相手の裸の写真や動画などの私的な性的画像を無断で公開
する行為のことをいう。スマートフォンの普及により、カメラ機能を用いて撮
影した画像・動画のデータをすぐにインターネット上で公開・拡散することが
可能になったことに伴って生じた、比較的新しい社会問題である。このような
行為は、被害者のプライバシーを侵害し、その生活の平穏を脅かす行為である
が、従来は、これを適切に処罰しうる規定が存在しなかった。そのため、リベ
ンジポルノ防止法が作られた。

この法律の対象となる性的な画像の記録（私事性的画像記録）とは、人が性的行為をしている姿や、人の身体の性的部分を露出または強調した姿の画像のデータのことをいう。ただし、撮影の対象とされた者が、撮影時に、画像が第三者に閲覧されることを承諾していた場合には、このような画像であっても、私事性的画像記録からは除かれる（2 条 1 項参照）＊7。

禁止の対象となる行為は、被写体が誰かを特定できる方法で、①インターネットなどを通じて、私事性的画像記録を不特定または多数の者に提供する行為、②そのような画像データが記録された物（私事性的画像記録物）を不特定または多数の者に提供し、または不特定または多数の者がその内容を閲覧できる状態に置く行為、③他人に②の行為をさせる目的で私事性的画像記録または私事性的画像記録物を提供する行為である（3 条 1 項〜3 項）。たとえば、元交際相手と交際中に撮影した、元交際相手の顔の写った私事性的画像記録を大勢の人に電子メールで送信する行為は、①にあたる。また、同様の私事性的画像記録を SNS 上で公開するためにサーバーにアップロードする行為は、②にあたる。この禁止に対する違反は、処罰の対象となる。

交際中の相手からの暴力

ドメスティック・バイオレンス（DV）という言葉を聞いたことがある人は多いだろう。DV とは、配偶者等＊8からの身体に対する暴力およびこれに匹敵する程度の言葉による暴力のことをいう。DV は随分前から社会問題になっており、これに対処するための法律として DV 防止法＊9が 2001 年に作られた。この法律には、DV 被害者の保護のための規定が置かれているほか（6 条〜9 条の 2）、身体に対する暴力または生命等に対する脅迫を受けた被害者が、さらなる暴力を受けることによって生命または身体に重大な危害を受けるおそれが大きい場合には、裁判所が、加害者に対し、一定期間被害者に接近することを禁じたり、住居からの退去などを命ずることができる規定が置かれている（10 条）。

これに対し、最近では、婚姻関係にはない交際中の相手からの暴力（いわゆるデート DV）も大きな問題となっている。筆者は以前、授業を受講していた男子学生に、「普段から彼女に暴力をふるっていたが、ある日、彼女が刃物を持ち出してきた。身を守るために彼女を殴ったが正当防衛ですよね？」という質問をされたことがあり、衝撃を受けた経験がある。衝撃を受けた理由は、その男子学生には、普段の暴力について罪の意識がまったく欠如していたからであ

る。同時に、交際によって支配服従関係や拘束関係が生じるという価値観が背後にあるのを感じ、問題の根深さも感じさせられた。これは男性が加害者の例であるが、女性が加害者となる例もあるし、同性カップル間の暴力もある。

　当然のことながら、交際関係にある者の間の行為だからといって、法律の適用が除外されるわけではない。人にケガをさせたら傷害罪（刑法204条）が成立するし、交際中であっても、相手が嫌がっているのに、暴行・脅迫を用いて性行為を強制するのは、強制わいせつ罪や強制性交等罪に該当しうる。実際に起訴されて刑事裁判になるかは別として、このような行為は犯罪に該当しうるものなのだということは肝に銘じておきたい。

　相手に対して暴言を吐くとか、相手の行動の自由を制限するとか、無断で相手のスマートフォンのロックを解除して中身を盗み見るなどの行為も、それ自体は犯罪に該当しないとしても、**精神的暴力**にあたるとされている。また、高額な金銭的な負担を強要する行為も**経済的暴力**だといわれる。ここまで読んでドキッとした人は、これらの行為は現在ではデートDVとして社会問題化していることを知っておこう。このような行為の被害を受けている人の方でも、交際中だからといって相手からの暴力を我慢し続けなければならない理由はないという意識を持つことが重要である。現に困っている場合には、公的機関等が設けている相談窓口を利用するとか、または大学が設置している学生相談の窓口に相談してみよう。

刑法204条
人の身体を傷害した者は、15年以下の懲役又は50万円以下の罰金に処する。

私が不安を感じて、怖いと思えば、ストーカー行為として認めてもらえるかもしれないのね。これから警察の相談窓口に行ってみる。

相手は迷惑をかけているという自覚がないらしいから、エスカレートする前に誰かに止めてもらうのがいいよね。

課題
この章のテーマをさらに深めるために

デートDVについては、さまざまな公的機関や民間団体が、加害者・被害者を啓蒙するためのウェブサイトを開設している。デートDVとは何か、加害者・被害者のどのような思い込みがこのような問題を生じさせているのか、被害相談の窓口としてどのようなものがあるかなどについて、インターネットを用いて調査してみよう。

第8章 はじめての選挙、大切な一票

憲法（統治）

かなえさんは○○党とか××党のこと、どう思う？

どうしたんですか、急に？

いやぁ、今度さあ、選挙があるでしょう？ああいうの、難しくってわからないんだ……。

今度の選挙は、参議院の選挙ですね？

ええっと……、そうだっけ？

しっかりしてくださいよ。私も18歳になったので、選挙に行けるんです。

この間までは、20歳にならないと選挙に行けなかったらしいね。ぼくは去年、地元の市長選挙に行ったことがあるから、今回が2回目になるんだ。でも、選挙は誰に投票すればよいのか悩むなぁ……。

今回の講義は
横大道聡先生
憲法担当

●憲法は国を運営するための基本的なルール！

●主権者である国民は、どうやって政治に参加するの？

●国会・内閣・裁判所は、どのような仕事をしているのだろう？

　日本国憲法（以下、「憲法」という）は、わが国の最高法規であり、3つの基本原理──国民主権主義、平和主義、人権尊重主義に立脚している。その中でも、憲法は、基本的人権の尊重を最も重要視する。憲法は、個人の価値を保障する人権を、国家権力の侵害から護るためにあるといってもよい。

　基本的人権の尊重、いうなれば個人の自由（freedom）を実現するためには、国民みずからが、国政に関する決定権を持ち、人権を侵害する危険をはらんだ国家権力をコントロールできなければならない。国民の意思を国政に反映させる「選挙」は、その第一歩である。選挙の基本原則、国民の代表者によって組織された国会の立法機関たる地位と権能、行政権を担う内閣との抑制・均衡の関係という仕組みは、まさに人権保障の基礎であり、だから憲法に定められているのである。

憲法ってなんだろう？

●国を運営していくための基本的なルール

　これまで読者の皆さんは、学習ガイダンスを受けたうえで（第1章）、市民社会の基本ルールである民法と、社会秩序を維持するための法である刑法について学修してきた（第2〜7章）。これから会社法や労働法といった法律についても学んでいく予定であるが、ここでちょっと立ち止まって、本章と次章では、それらの法律とは異なった特徴を持っている憲法について見ておこう。

　団体を運営していくためにはルールが必要不可欠であるが、国という団体も同様である。憲法とは、国を運営していくための基本的なルールを定める法だ。そして、国という大きな団体の運営には、そのための組織や制度について定めることが必要だから、どこの国の憲法にも、法律を作る立法機関や、法律

を執行する行政機関、法的な紛争を解決するための司法機関などについての定め——この部分を統治機構と呼ぶことがある——が置かれるのが通例だ。日本国憲法も、国会（衆議院と参議院）、内閣、裁判所などの機関を創設するとともに、象徴天皇制や地方自治制度などの制度についての定めを置いている*¹。民法や刑法などの法律は、憲法に従って作られる法である。その意味で憲法は、市民社会や社会秩序を守るためのルール（法律）を作るためのルールなのだ。

また憲法には、個人の権利や自由を護るために、国家の権限を制限するルールが置かれている。人権規定がその代表だ。たとえば、日本国憲法21条1項は、「集会、結社及び言論、出版その他一切の表現の自由は、これを保障する」と定め、表現の自由を制約するような国家の活動や権限行使をしてはならないことを定めている。人権規定は、いわば、国の運営に際して、やってはいけないことをリストアップしたものだ*²。戦争放棄と戦力の不保持について定める憲法9条も、国がやってはいけないことを定めた規定である。

●権力を分立させて法に基づいた統治を

その日本国憲法が採用している理念が、権力分立と法の支配だ。

権力分立とは、国家が担うべき中心的な権限を、立法・行政・司法に区別し、それぞれを別々の機関に担わせることで、すべての権限を掌握した専制君主や独裁者が出現しないようにしようという考え方である。

そして国家の権限を立法・行政・司法に区別するというアイデアは、法の支配に関わっている。法の支配とは、人による場当たり的で恣意的な支配ではなく、あらかじめ定められた法に基づいて国の運営がなされ、それにより人々の自由を確保するべきだという考え方だ。日本国憲法を含め、現代の多くの国家では、権力分立と法の支配という考え方を反映した憲法を有している。

●ルールを変える!?

国を運営していくための基本的なルールが頻繁に変更されてしまうとなると、国家が安定しなくなってしまう。その一方、ルールが時代や状況に合わなくなったときにさえ変更ができないとなると、ルールが軽視・無視されるようになってしまう。国を運営する基本的なルールには、安定性と可変性が備わっていなければならない。そのための方法として、通常の法律よりも憲法を改正しにくくしておくのが一般的だ。これを硬性憲法という（96条）。

憲法は国の運営の基本的なルールであり、内容的にも基本的な組織や制度、人権の保障といった大切なことが定められている。そのため、日本国憲法は国

*1　これらの機関や制度の細かい部分は、国会法、内閣法、裁判所法、皇室典範、地方自治法などの法律によって具体化されているが、大切なことは、憲法によって設立され、権限が与えられた機関や制度であるということだ。

*2　憲法には、やらなければならないことを定める人権規定、たとえば、「健康で文化的な最低限度の生活を営む権利」の実現を求める憲法25条1項のような規定もある。人権については、第9章で詳しく扱う。

憲法9条
1項　日本国民は、正義と秩序を基調とする国際平和を誠実に希求し、国権の発動たる戦争と、武力による威嚇又は武力の行使は、国際紛争を解決する手段としては、永久にこれを放棄する
2項　前項の目的を達するため、陸海空軍その他の戦力は、これを保持しない。国の交戦権は、これを認めない。

憲法96条
1項　この憲法の改正は、各議院の総議員の3分の2以上の賛成で、国会が、これを発議し、国民に提案してその承認を経なければならない。この承認には、特別の国民投票又は国会の定める選挙の際行はれる投票において、その過半数の賛成を必要とする。
2項　憲法改正について前項の承認を経たときは、天皇は、国民の名で、この憲法と一体を成すものとして、直ちにこれを公布する。

憲法98条
1項 この憲法は、国の最
高法規であつて、その条規
に反する法律、命令、詔勅
及び国務に関するその他の
行為の全部又は一部は、そ
の効力を有しない。

憲法81条
最高裁判所は、一切の法
律、命令、規則又は処分が
憲法に適合するかしないか
を決定する権限を有する終
審裁判所である。

の最高法規として位置づけられている（98条1項）。憲法は国の最高法規だから、憲法に反する法律や国家の行為は、憲法違反となり、効力が否定されることになる。ルール違反の取り締まりを行う制度を**違憲審査制**というが、日本国憲法はその役割を裁判所に委ねている（81条）。

六法を開いて、刑法や民法と憲法を比較してみてほしい。憲法の規定の短さや簡潔さに気が付いただろうか。憲法は前文と103条しかないが、刑法は264条、民法は1000条を超える長さだし、1条あたりの長さを比べてみても憲法は非常に短い。諸外国の憲法と比べても日本国憲法は短く簡潔だ。これは、国の運営についての基本的なルールを、なるべく簡単に書いておくことで、移り変わる事態に柔軟に対応できるようにしておこうという戦略に基づいている。日本国憲法がこれまでに一度も改正されていない理由の1つは、この柔軟性にある。

私たちの代表を選ぶ──選挙とは何か？

憲法前文第1段落
日本国民は、正当に選挙さ
れた国会における代表者を
通じて行動し、われらとわ
れらの子孫のために、諸国
民との協和による成果と、
わが国全土にわたつて自由
のもたらす恵沢を確保し、
政府の行為によつて再び戦
争の惨禍が起ることのない
やうにすることを決意し、
ここに主権が国民に存する
ことを宣言し、この憲法を
確定する。そもそも国政
は、国民の厳粛な信託によ
るものであつて、その権威
は国民に由来し、その権力
は国民の代表者がこれを行
使し、その福利は国民がこ
れを享受する。これは人類
普遍の原理であり、この憲
法は、かかる原理に基くも
のである。われらは、これ
に反する一切の憲法、法令
及び詔勅を排除する。

*3 このプロセスのなかで
いちばん国民に近いのが国会
だ。憲法41条は国会を「国権
の最高機関」であると表現し
ているが、これは文字通り、
国会が国政に関するすべての

●**間接民主制**

日本という国を運営するための基本的なルールである日本国憲法は、**国を運営する主人公は国民**であり、憲法というルールを作ったり変更したりできるのも国民であるという**国民主権**という考え方を採用している（前文、1条）。

しかしながら、大学生の皆さんは勉強をしなければいけないし、社会に出てからも自分の仕事が忙しい。国民主権だからといって、国民が国政に関するすべての事柄を自分たちで決めながら国を運営していくことは非現実的だ。そこで憲法は、主権者国民は、「正当に選挙された国家における代表者を通じて行動」（前文）するという**間接民主制**、つまり、国民のなかから代表者を選び、その代表者が国民にかわって国政を担当するという仕組みを採用している。

●**選挙の基本原則**

日本国憲法のもと、主権者である私たち国民は衆議院と参議院の議員を選ぶ。そこで選ばれた国会議員のなかから内閣総理大臣が選出され、その内閣総理大臣によって大臣が選ばれて内閣が作られる。このように、日本国憲法では、主権者国民を起点にしながら、代表者を通じて国が運営されていくというプロセスが想定されている*3。だからこそ、私たち国民にとって、代表者の選ぶ選挙は重要な関心事だ。

選挙には大きく分けて2つの種類がある。**国政選挙**と**地方選挙**だ。国政選挙は、国会議員を選ぶための選挙で、**衆議院議員総選挙**と**参議院議員通常選挙**が

決定権を握っているという意味ではなく、国民に一番近く、重要な機関であることに配慮した「政治的美称」に過ぎないと解されている（政治的美称説）。

ある。地方選挙は、都道府県や市町村という地方公共団体の長、議会の議員を選ぶための選挙である。以下では国政選挙を念頭において説明しよう。

さて、憲法を見てみると、選挙制度は「両議院の議員及びその選挙人の資格は、法律でこれを定める」（44条）などと書いてある（**選挙事項法定主義**）。もっとも、国会が選挙制度を法律によって自由に作ってもいいわけではない。憲法のほかの箇所を見てみると、選挙制度の創設に対して、守らなければならない原則を定めている部分があるからだ。その部分をまとめると**表1**の通りである。この**近代選挙の原則**に基づき、具体的な選挙制度は、**公職選挙法**を中心に、法律によって形成されている。

表1　近代選挙の原則

原則	内容	憲法上の根拠
普通選挙	国籍と年齢以外に有権者資格に制限を設けない選挙を要請。人種や身分、性別、財力などを資格要件としてはならない。	15条3項、44条ただし書
平等選挙	一人一票の原則と、一票の価値の平等を要請。	14条、44条など
秘密選挙	誰がどの候補者・政党に投票したのかわからないようにすることで、自由意思に基づいた投票を可能とさせることを要請。	15条4項前段
自由選挙	外部からの干渉を受けることなく投票権を行使する・しないを自分で判断しうることを要請。	15条4項後段
直接選挙	選挙権を有する有権者が直接に代表を選ぶ選挙制度を要請。	15条1項

●衆議院議員の選挙の仕組み

衆議院議員総選挙は、4年の任期満了または**解散**によって任期が終了した衆議院の全議席について行われる（45条）。選挙は、**小選挙区選挙**と**比例代表選挙**の2本立てで行う**小選挙区比例代表並立制**が採られていて、議員定数465人のうち、小選挙区から289人、比例代表区から176人が選ばれる。有権者は、それぞれの選挙に1票ずつ、合計2票を投票する。

小選挙区選挙とは、全国を議員定数と同数の選挙区に分け（区割り方法については後述）、有権者は候補者個人に投票し、得票数の一番多い者が当選者となるという選挙制度である。**比例代表選挙**とは、各党が獲得した得票率に応じて議席を配分する選挙制度であり、衆議院の比例代表選挙では、全国を11ブロックに分け、ブロックごとに、あらかじめ政党が所属する候補者に順位をつけた比例名簿に基づき、有権者は**政党に投票**する（ブロックごとの定数配分については後述）。ブロックごとにその得票数に応じて各政党に議席を配分し（ドント式[*4]）、名簿上位の者から当選としていくという**拘束名簿式比例代表制**が採用されている。

*4　**ドント式**とは、ベルギーの法学者、ビクトル・ドントが考案した比例代表選挙における議席配分の方法の1つであり、①まず各政党の得票数を明らかにしたうえで、②各政党の得票数を1、2、3…の整数で割っていき、③その商（答え）の大きい順に、定数を満たすまで、議席配分していくという方式である。

なお、政党の候補者に限り、小選挙区と比例代表選挙の両方に立候補することできるため（重複立候補）、小選挙区で落選しても、比例代表として当選できる可能性がある（復活当選[*5]）。

*5 重複立候補者の場合、各党の比例名簿に同一順位で並べることができる。同一順位で小選挙区選挙での落選者が複数いるという事態が生じることになるが、その場合、それぞれの小選挙区で、①最多投票者の得票数と、②当該落選者の得票数を比べて、①に対する②の割合（惜敗率）が高い者から当選者となる。

*6 2022年の通常選挙からの人数。2019年の通常選挙時の定数は245人だった。

*7 なお、議員定数不均衡の問題に対処するために、2016年の選挙から、鳥取県と島根県、徳島県と高知県を、それぞれ1つの選挙区とするという「合区」が行われている。

●参議院議員の選挙の仕組み

参議院議員通常選挙は、3年ごとに定数の半分を改選する方法で行われる（憲法46条）。選挙は、選挙区選挙と比例代表選挙の二本立てで行われる。議員定数248人のうち、選挙区選挙から148名、比例代表選挙から100名が選ばれる[*6]。有権者は、それぞれの選挙に1票ずつ、合計2票を投票する。

選挙区選挙は、都道府県を単位とした選挙区[*7]に、各選挙区の定数として2人〜12人を偶数配分し、得票数の多い候補者から順に改選定数までの順位の者が当選する。参議院の比例代表選挙は、全都道府県を1つの選挙区として実施する。各政党は候補者の名簿を作成するが、順位をつけない（そのため、非拘束名簿式と言われる）。有権者は、政党名か個人名のいずれかを記載して投票する。個人への投票数と政党への投票数を合計した数に基づいて、まず各政党に議席を配分したうえで（ドント式）、個人として最も票を集めた候補者から順に当選としていく。衆議院の比例代表選挙とは異なっているので注意したい。

表2　日本の選挙制度

国会の構成	衆議院		参議院	
選挙権	満18歳以上の日本国民			
被選挙権	満25歳以上の日本国民		満30歳以上の日本国民	
議員定数	465人		248人（注6参照）	
選挙方法	小選挙区	全国289の小選挙区から289人選出	選挙区	47都道府県から148人選出（ただし合区あり）※3年ごとの半数改選
	比例代表	全国11ブロックから176人選出（拘束名簿式、重複立候補可能）	比例代表	全国から100人選出（非拘束名簿式、重複立候補不可能）※3年ごとの半数改選
投票方法	有権者は1人2票持ち、1票は小選挙区の候補者名1名を自署、1票は比例代表の政党名を自署する。		有権者は1人2票持ち、1票は選挙区の候補者名1名を自署、1票は比例区の候補者名または政党名を自署する。	
任期	4年（解散あり）		6年（解散なし。3年ごとの半数改選）	

*8 最高裁判所は、1票の較差が投票価値の平等を損なわせる程度に達した時点で直ちに違憲となるわけではなく、合理的期間内にその是正がなされなかったときにはじめて違憲となるのであり、その期間が過ぎるまでは、「違

●選挙制度が抱える問題──議員定数不均衡

選挙制度に関して従来から大きな問題となってきたのが、一票のもつ価値（一票の重み）が選挙区によって異なるという一票の較差だ。一票の較差は平等

憲状態」であるが合憲である、と判断している。

*9 アメリカのジョン・クイシー・アダムズ（後の第6代大統領）が考えたとされる。アダムズ方式では、各都道府県（小選挙区選挙の場合）ないし各ブロック（比例代表選挙の場合）の人口を、Xという数で割り、その商（答え）の小数点以下を切り上げて整数にした数の議席を、各都道府県ないし各ブロックに配分する。このXを基準除数というが、基準除数は、整数の合計が小選挙区の定数（289）、または比例代表区の定数（176）と一致するように調整して導き出される。

選挙の原則との関係で問題となるもので、各選挙区や各ブロックから当選させることができる議員数（議員定数）が人口に比例して配分されていないことにより生じる。そのため、**議員定数不均衡**ともいわれる。選挙が行われるたびに訴訟が提起されており、最高裁判所によって、違憲（⇒102頁の表5）、あるいは違憲状態*8と判断されたこともある。

　一票の較差の是正のための取組みとして、2022年以降の選挙から、衆議院の小選挙区選挙と比例代表選挙における議員定数の配分は、**アダムズ方式***9に基づいて行われることになった。

　アダムズ方式の導入により、従来よりも一票の較差は減少するものの、人口が集中している都市部に多くの議席が配分されることになるため、地方の声が届きにくくなるという批判も聞かれる。よりよい選挙制度を求める動きは、今後も続いていくだろう。

代表のお仕事──国会の役割

●国会議員は地域の代表ではない!?

　選挙で当選すれば、立候補者は晴れて国会議員になる。選ばれた国会議員は、自分を選んでくれた地域に利益をもたらすことこそが自分の仕事であると考えるかもしれない。しかし憲法は、国会議員は**全国民の代表**（43条1項）としており、特定の地域や団体を代理するものではないとしている。

　全国民の代表者としての国会議員が、法的なしがらみなく自由に活動できるように、憲法は2つの特権を認めている。1つ目が、国会議員は原則として国会の会期中に逮捕されないことを保障する**不逮捕特権**（50条）であり、もう1つが、国会議員が職務として行った「演説、討論又は表決」について、院外で法的責任を問われないことを保障する**免責特権**（51条）である。

●1つの機関に2つの人格？──衆議院と参議院

　「全国民を代表する選挙された議員」（42条）によって組織される国会は、衆議院と参議院という2つの議院によって構成される。これを**二院制**という（43条）。国会のなかに、2つの独立した議院があるわけだから、1つの体のなかに2つの人格があるような状態だ。そのため、両議院の意見が対立することもある。そのような場合に「国会」として意思決定を行うために、日本国憲法は、一定の事項については衆議院の意思を国会の意思とするという**衆議院の優越**という仕組みと、両議院の意見調整の場である**両院協議会**という制度を用意し

憲法50条
両議院の議員は、法律の定める場合を除いては、国会の会期中逮捕されず、会期前に逮捕された議員は、その議院の要求があれば、会期中これを釈放しなければならない。

憲法51条
両議院の議員は、議院で行った演説、討論又は表決について、院外で責任を問はれない。

表3 衆議院の優越

	根拠規定	参議院が議決しないことが効力を持つまでの期間	参議院が議決しない場合の効果	両院協議会の開催	その他
①法律案	59条	60日	否決とみなすことができる	衆議院の任意	参議院が否決したとき、衆議院の2/3以上の可決で法律を制定できる。
②予算	60条	30日	衆議院の議決が国会の議決	必要	衆議院に先議権がある。
③条約	61条	30日	衆議院の議決が国会の議決	必要	条約の締結は内閣が行い、国会は事前または事後に承認する（73条3号）
④総理大臣の指名	67条	10日	衆議院の議決が国会の議決	必要	衆議院にのみ内閣不信任決議権が認められる（69条）。

た（**表3**）。衆議院を優越させるのは、衆議院議員の任期は参議院議員よりも短いうえ、任期途中の解散もあり、国民の意思（民意）を反映させやすいため、参議院よりもその判断を尊重すべきだからだ。

●国会は常に活動していない!?

国会は、常に開かれて活動しているわけではなく、限られた一定期間だけ活動している機関である。この国会が活動する期間のことを**会期**といい、会期ごとに「第○○回国会」と称される。国会は会期ごとに独立して活動しているので、会期中に議決に至らなかった案件は、原則として次の会期に継続しない（**会期不継続の原則**）。会期には、**常会、臨時会、特別会**がある（**表4**）。

国会は、会期の終了または衆議院の解散により閉会となる。衆議院が解散されたときは、参議院は、同時に閉会となる（54条2項前段）。それでは、衆議院

表4 国会の種類

	常会（通常国会）	臨時会（臨時国会）	特別会（特別国会）
種類	毎年1回招集される国会	臨時の必要に応じて招集される国会	衆院の解散後、総選挙が行われた後に召集される国会
憲法の根拠	52条	53条	54条1項
召集	毎年1月中に召集（国会法2条）	①内閣が必要と判断した場合（53条）②いずれかの議院の1/4以上の要求（53条）③衆議院議員の任期満了による総選挙後（国会法2条の3第1項）④参議院議員の通常選挙後（国会法2条の3第2項）	総選挙の日から30日以内（54条1項）
会期の日数	150日（国会法10条）	両議院一致で、これを定める（国会法11条）	
会期延長	両院の一致で1回のみ延長可能（国会法12条）	両議院の一致で2回まで延長可能（国会法12条）	
両院の議決の不一致	会期について両議院の議決が一致しない場合、衆議院の議決が優越する（国会法13条）		

解散のため国会が閉会している最中に、国会で物事を決めなければならない緊急の事態が生じた場合にはどうしたらよいだろうか。憲法は、その場合に国会の機能を代行する制度として、**参議院の緊急集会**について定めている（54条2項後段）。参議院の議決を「国会」の意思とする例外的な制度だ。あくまで例外だから、緊急集会で取られた措置は、次の国会開会の後10日以内に衆議院の同意がなければ、将来に向かって効力を失うこととされている（54条3項）。

●**法律を作る**

法律を制定すること＝「立法」は、「国の唯一の立法機関」（41条）である国会の重要な仕事の1つだ（**図1**）。法律を作るためにはまず、たたき台となる法律案（法案）を作って、国会に提出しなければならないが、それができるのは、内閣と国会議員に限られている。

内閣が提出した法律案が**政府立法**であり、**閣法**と呼ばれる。内閣が作るといっても、内閣総理大臣や各大臣が一から書き起こすわけではない。実際には、その法律案に関する事務を所管する中央省庁（官僚）が作る。次に、**内閣法制局**[*10]によって、憲法その他の現行法令との整合性から、条文の表現、用語の使い方の正確性に至るまで、徹底した審査が行われる。必要があれば与党内部でのチェックもしたうえで、**閣議**（内閣の会議）に付され、閣議決定が行われて内閣総理大臣から国会に提出される。閣法は衆参どちらの議院に提出してもよいが、予算関連法案は慣例上、衆議院に提出される。

国会議員が提出した法律案が**議員立法**だ。衆議院議員が提出したものを**衆法**、参議院議員が提出したものを**参法**という。国会は立法機関だから、その構成員である国会議員ならば誰でも法律案を発議できる。ただし、法律案の乱立を防ぐために、一定の制約が設けられている（国会法56条）。議院にはそれぞれ法制局が設置されていて、国会議員の立法活動をサポートしている[*11]。

法案は、衆法は衆議院に、参法は参議院に提出されるのが通例だ。法案を受理した議院の議長は、法案を内容に関係する委員会に付託する。委員会は、国会法で規定する**常任委員会**と、会期ごとに必要に応じて設置される**特別委員会**とがあり、国会議員は少なくとも1つの常任委員会に所属しなければならない。委員会での審議は、次の流れで行われる。

趣旨説明 ➡ 質疑 ➡ （公聴会） ➡ 討論 ➡ 採決

委員会での採決結果の報告を受け、議院の全議員が参加する本会議におい

て、次の流れで審議が行われる。

委員長報告 ➡ 質疑 ➡ 討論 ➡ 採決

　法律案が本会議で可決されたら、もうひとつの議院に議案を送付し、そこで
も同じように委員会の審査、本会議の審議が行われ、議決がなされる。両議院
の意見が一致しない場合については、すでに見た「衆議院の優越」によって最
終的には解決が図られる。

　法律案は、原則として両議院で可決したとき法律となる（59条1項）。法律は、
最後に議決した院の議長から内閣に、そして内閣から天皇に奏上され、天皇は
国事行為として法律を公布する（7条1号）*12。

●国会の仕事と議院の仕事

　国会には、立法権のほかにも、さまざまな権限が憲法上与えられている。憲
法改正の発議権（96条1項）、内閣総理大臣の指名権（67条）、弾劾裁判所設置権
（64条）、条約承認権（61条、73条3号）、予算議決権（86条）などの財政統制権（83
条～91条）などである。その他、法律上認められた権能も少なくない。

　また憲法は、各議院の権限として、それぞれの議院が、内閣・裁判所などの
他の国家機関、もう一方の議院からの監督や干渉を受けることなく、その内部
組織や運営などについて自主的に決定できるという**議院自律権**を認めている。
議院自律権には、院の役員（議長・副議長・各常任委員長）の選任権（58条1項）
や、議員資格争訟の裁判権（55条）、議院規則制定権（58条2項前段）、議員懲罰
権（58条2項後段および但書）などがある。議院自律権は国会の権限とは区別さ

*12　国の法令は、官報に掲載することで公布するというのが明治以来の慣例である。官報とは、法令などの政府情報を国民に伝える公的刊行物で、行政機関の休日を除き、毎日刊行される。

図1　法律ができるまで

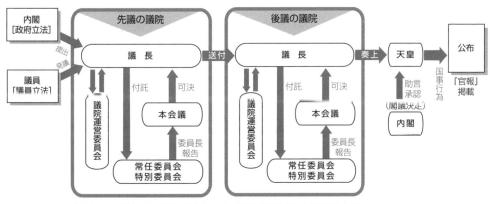

委員会では、提案理由の説明が行われた後、質疑・討論を経て採決が行われる。
本会議では、委員長報告が行われた後、質疑・討論を経て採決が行われる。

＊13　その具体的な方法は、国会法104条や「議院における証人の宣誓及び証言等に関する法律」（議院証言法）などで規定されている。

れるので、両議院の意見の一致は必要ない。また、各議院が立法権やその他の権限をしっかりと行使するためには、国政全般にわたる知識を得る必要があり、そのための資料や情報の収集・調査を行うために国政調査権（62条）が認められている＊13。

法律を執行する──内閣の役割

●内閣の作り方──内閣の構成

　法律を制定するのは国会である。そして、制定された法律を日々執行する役割である行政権を担うのが、内閣である（73条1号）。内閣とは、内閣総理大臣とその他の国務大臣により構成される合議体の機関のことだ（66条1項）。

　内閣の作り方であるが、まずそのトップ（首長）である内閣総理大臣を選ぶことから始まる。国会議員の中から、国会の議決によって内閣総理大臣が指名され（67条1項）、天皇によって任命される（6条1項）。選ばれた内閣総理大臣は、国務大臣を任命し（68条1項）、天皇がこれを認証する（7条5号）。

　文部科学大臣や外務大臣など、「大臣」という言葉をニュースや新聞などで見聞きする機会が多いだろう。大臣には、内閣の構成員である大臣という意味の国務大臣と、行政機関の長として行政事務を分担管理する大臣という意味の行政大臣という2つの法的性格がある。通常、両者を兼ねるが、行政機関の長ではない国務大臣（いわゆる無任所大臣）を設置することもできる（内閣法3条）。国務大臣の数は原則として14人以内であるが、特別に必要がある場合に、17人以内とすることができる（内閣法2条2項）。

　内閣の構成員になるためには、文民でなければならない（66条）。文民とは「軍人ではない」という意味であり、現役の自衛官は文民ではないとされる。その他、国務大臣の場合は、その過半数を国会議員の中から選ばれなければならないが（68条1項）、過半数を超えなければ、民間から大臣を選ぶことも許される。こうして内閣ができあがる。

●内閣の仕事

　内閣総理大臣は、内閣のメンバーを選ぶ権限と、内閣を代表する権限を持っている（72条）。しかし、内閣総理大臣の一存で内閣として意思決定することはできない。内閣としての意思決定は、閣議によって行われなければならないからだ（内閣法4条1項）。閣議の運営方法を決めている法令はなく、慣例によって行われているが、慣例上重要なのは、閣議の非公開と、全員一致での意思決

内閣法2条
1項　内閣は、国会の指名に基づいて任命された首長たる内閣総理大臣及び内閣総理大臣により任命された国務大臣をもって、これを組織する。
2項　前項の国務大臣の数は、14人以内とする。ただし、特別に必要がある場合においては、3人を限度にその数を増加し、17人いないとすることができる。

定である[14]。

　憲法上、内閣には**行政権**が付与されている（65条）。行政権とは何かをめぐって議論が紛糾しているが、通説は、国家の権限のうち、国会が担う立法権と裁判所が担う司法権を差し引いて残ったものであると解している（**控除説**）。これだけでは内閣の仕事をイメージしにくいが、その中心となるのが**法律の執行**であるということを押さえておこう。なお、あらゆる行政を内閣自らが行っているわけではなく、**行政各部**が行っている。内閣はその各府省庁などの行政各部を指揮監督し、行政全体を総合調整し、統括する立場にある。

　内閣の職務の中心が法律の執行だとしても、国会が作る法律を受動的に執行するだけではない。すでに見たように、必要な政策を実現させるための法案を内閣自らが作成・提出することもあるし、外交関係の処理など、高度に政治的な判断も行っている。

　憲法73条は内閣の職務として、一般の行政事務のほか、①法律を誠実に執行することと国務全般の運営に目を配ること、②外交関係の処理、③条約の締結、④公務員に関する事務を行うこと、⑤予算の作成と国会への提出、⑥法律に基づいて細かな内容について定める政令の制定、⑦恩赦の決定を列挙しているが、ここから、内閣の仕事が単に法律を機械的に執行するだけに留まらない

*14　閣議には、内閣総理大臣、国務大臣、内閣官房副長官、内閣法制局長官が出席する。定期的に行われる「定例閣議」のほか、臨時で行われる「臨時閣議」、実際には集まらずに案件を回覧・押印して閣議決定とする「持ち回り閣議」がある。

図2　国家行政組織の仕組み

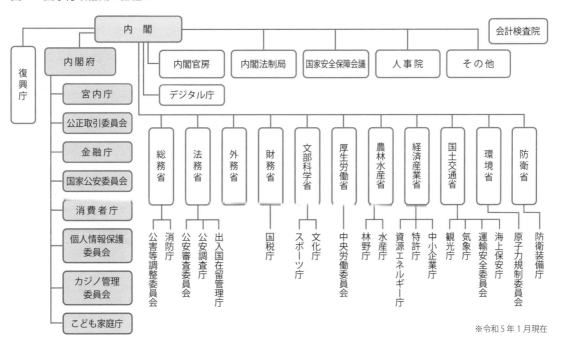

※令和5年1月現在

ものであるというイメージをもってほしい。

なお、73条以外の箇所でも憲法は、天皇の行う国事行為に対する助言と承認（3条、7条）、最高裁判所長官の指名（6条2項）、その他の裁判官の任命（79条1項、80条1項）など、内閣の権限についての定めを置いている。

●国会と内閣との関係──議院内閣制

国会と内閣、つまり立法機関と行政機関との関係をどのようにデザインするかは、国によってさまざまである。アメリカのように大統領制を採用する国もあれば、フランスのように半大統領制を採用する国もあるが、日本は、議院内閣制と呼ばれる制度を採用している。

議院内閣制とは、内閣が国会の信任によって成立しており、不信任の場合には退陣しなければならないという制度である。日本国憲法は、内閣の国会に対する連帯責任（66条3項）と、衆議院で内閣不信任決議案が可決され、または信任決議案が否決されて、10日以内に内閣が衆議院を解散しない場合に、内閣は、10日以内に衆議院が解散されない限り、総辞職をしなければならない（69条）と定めている*15。

日本国憲法の解釈上問題となってきたのは、**内閣は自由に衆議院を解散することができるのか**についてである。実際の政治では、憲法7条3号が、天皇の国事行為として「衆議院の解散」を挙げており、天皇の国事行為については内閣が助言と承認を行う立場にあるため（3条）、内閣が衆議院を解散するかしないかを決めることができるという7条解散が行われている。しかし、解散が内閣そして与党の党利党略で行われることを防ぐために、何らかの手立てを設けることが必要ではないかとして議論がなされている*16。

*15　衆議院が解散された後に選挙が行われるが、その後に内閣は総辞職するので（70条後段）、いずれにしても内閣が総辞職しなければならないことには変わりはない。このほか、内閣が総辞職しなければならない場面として、首相の死亡、辞職、失踪・亡命などによって「首相が欠けたとき」(70条前段)がある。また、憲法上の規定はないが、自発的な総辞職も行われている。

*16　議院内閣制の母国であるイギリスで、2011年、首相の解散権を制限する「議員任期固定法」が制定された。一定の例外的な場合を除き、原則として庶民院（下院）議員の任期を5年間に固定するという内容の法律である。議院内閣制を論じる際に常に参照されてきたイギリスにおいて、首相の解散権を制限する法律が制定されたことも、議論に拍車をかける一因となっている。なお同法は、2022年議会解散及び召集法により廃止され、首相の自由な解散権が復活した。

図3　国民と国会・内閣

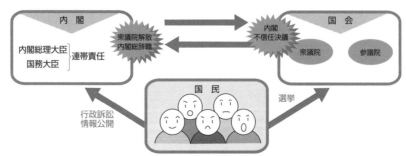

国会と内閣は、「議院内閣制」という関係に立つ。国民は、国会に対して、選挙を通じた（政治的な）コントロールを及ぼすことができるが、内閣を直接選ぶことはできない。しかし、国民は内閣に対して、①行政権の行使に対する不服の訴訟（行政訴訟）や、②行政情報の開示請求（情報公開）などを通じて、一定のコントロールを及ぼすことができる。

紛争を解決する──裁判所の役割

●裁判所の仕事

人が集まる社会があるところには必ず紛争が生じるが、紛争の解決を当事者に委ねてしまうと、弱肉強食の世界となってしまう。そのような事態を避けるために、中立的な裁判所が紛争を解決する役割を果たさなければならない。

日本国憲法は、裁判所に対して、**具体的な争訟について、法を適用することで、これを裁定する**という**司法権**を与えた[17]。そして最終審・最上級の裁判所として**最高裁判所**を設けるとともに、どのような下級裁判所を設けるかについては法律に委ねた。これを受けた**裁判所法**は、下級裁判所として、**高等裁判所・地方裁判所・家庭裁判所・簡易裁判所**の4種類の裁判所を設け、それぞれの裁判所が扱う事件などについて定めている。

なお、裁判で争われる事件は、大きくわけて**民事事件**と**刑事事件**がある。民法上の争いは民事事件として民事訴訟法に基づいて裁判が行われ、刑法上の争いは刑事事件として刑事訴訟法に基づいて裁判が行われる。その他、**行政事件訴訟**や**家事審判**など、特別の手続で裁判が行われることもある。

●司法権の独立と裁判官の独立

裁判所は政治的な支持勢力を持たないから、政治的な多数派や、その支持を得ている国会や内閣などから政治的干渉を受けやすいが、裁判所がその職務をしっかりと果たすためには、そうした政治的な圧力や干渉をはねのけることが必要だ。そのために憲法は**司法権の独立**を保障している。

まず、裁判所に規則制定権を認め、訴訟に関する手続、弁護士、裁判所の内部規律及び司法事務処理に関する事項について自律的に規則を作ることができるようにした（77条）[18]。また、人事への干渉を防ぐため、下級審裁判所裁判官の任命は、最高裁が作成した名簿に基づいて内閣が任命することとされている（80条1項）[19]。さらに、行政機関による裁判官の懲戒処分の禁止（78条）や、裁判官に対する定期・相当額の報酬保障と減額禁止[20]（79条6項、第80条2項）など、裁判官に対して手厚い身分保障がなされている。

図4 上訴のしくみ

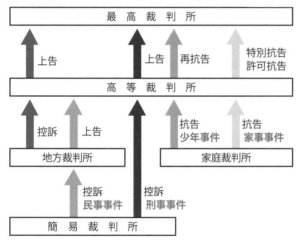

味していると解されるので、
すべての公務員に対する給料
の引き下げの一環として、裁
判官の報酬を減額することは
許されるという考え方に基づ
いている。

*21　日本の違憲審査制が付
随的違憲審査制であるとした
最高裁判例が、警察予備隊訴
訟〔最大判昭和27年10月8日
民集6巻9号783頁〕である。

*22　諸外国には、通常の裁
判所とは区別された特別の憲
法裁判所を設け、具体的な事
件から離れて、抽象的に、法
令その他の国家行為の違憲審
査を行うという抽象的違憲審
査制を採用する例が少なくな
い。

さらに憲法は、裁判官が司法機関の内部からも圧力を受けることなく権限を行使できるように、「すべて裁判官は、その良心に従ひ独立してその職権を行ひ、この憲法及び法律にのみ拘束される」と定め（76条3項）、職権行使の独立を保障している。

裁判は、原則として公開で行われる（37条1項、82条）。これは、公衆の環視と注目の下で裁判を行わせることによって、公平な裁判を実現するためだ。

●もう1つの大仕事──違憲審査

日本国憲法は、裁判所にとても重要な職務を割り当てた。それは法律や命令、さらには国家の行為が憲法に適合するか否かを判断するという**違憲審査権**だ。憲法は、国を運営していくための基本的なルールであるが、ルール違反を取り締まる役割を、裁判所に与えたのである。これにより、憲法の最高法規性（98条）を確保しようとしているのだ。

日本の違憲審査の特徴は、裁判所が「司法権」を行使して具体的な事件を解決しようとする際に、必要な限りで、付随的に、法律などの憲法適合性を審査する点にある（**付随的違憲審査制**[21]）。たとえば、ある法律に違反したとして逮捕された者の裁判で、その法律自体が憲法に違反して無効だから自分は無罪であると主張されたとする。このような場合、事件を解決するために裁判所は、適用される法律が憲法に適合しているかの判断を行うことがあるが[22]、このようなかたちで違憲審査権を行使するのが、日本の裁判所なのだ。

日本の裁判所は、違憲審査権の行使に積極的ではなく、これまでに違憲と判断された法律は、11件しかない（**表5**）。違憲審査権をどのように活性化させるかが課題である。

表5　違憲とされた法律の規定

尊属殺人罪を定めた刑法の規定	最大判昭48・4・4
薬局の開設の距離制限を定めた薬事法の規定	最大判昭50・4・30
衆議院の議員定数配分を定めた公職選挙法の規定①	最大判昭51・4・14
衆議院の議員定数配分を定めた公職選挙法の規定②	最大判昭60・7・17
共有林の分割を制限した森林法の規定	最大判昭62・4・22
賠償責任を限定した郵便法の規定	最大判平14・9・11
在外国民に選挙権の行使を認めていなかった公職選挙法の規定	最大判平17・9・14
一定の場合に日本国籍の付与を認めなかった国籍法の規定	最大判平20・6・4
非嫡出子の相続差別に関する民法の規定	最大決平25・9・4
女性のみ再婚禁止期間を設けていた民法の規定	最大判平27・12・16
在外国民に最高裁判所裁判官の国民審査を認める規定を欠いていた最高裁判所国民審査法	最大判令4・5・25

ネット選挙ができるようになって、とても便利になったんだね！ ぼくもネットでどんどん情報を集めてみよう。肝心の一票を誰に入れるか、どこの政党に入れるか、まだ決めてないんだ。ポスターの顔だけで決めるわけにはいかないから……。

そうですね。候補者のブログとかSNSとかも面白いですよ。いまネットで調べてみたら、今日の午後5時から、××駅前で○○党の党首が来て街頭演説するんですって。

かなえさん、このあと授業ある？
よかったら、行ってみない？

いいですね！
サークルのみんなも誘って行きましょう！

課題

この章のテーマをさらに
深めるために

● 選挙に立候補するには、立候補者が事前に供託金を支払い、一定の得票数に達した場合には供託金を払い戻すが、達しなかった場合には供託金を没収するという制度が採られている。たとえば、衆議院議員の小選挙区への立候補の場合、供託金は300万円で、得票数が有効投票総数の10分の1に達しなかったら没収される。どのような理由でこの制度が導入されたか、また、立候補する自由を不当に制約していないかについて考えてみよう。

● なぜ国会は、衆議院と参議院の二院制を採用したのだろうか。二院制の意義と、参議院の存在意義を改めて考えてみよう。

● 裁判は原則として公開なので、事前の申し込み手続をすることなく、傍聴することができる。近くの裁判所に出かけて、裁判を傍聴してみよう。

第9章 憲法で人権を保障するということ
憲法（人権）

昼休み、かなえさんは友達と学食へ。すると希望くんがスマートフォンを見ながら何かに憤っている様子だ。

ちょっとこのSNS見てよ。ぼくの悪口が書かれているんだ！

「うちの大学の希望って奴、いつも授業で居眠りしてるwww」
（……悪口っていうか、本当のことの気もするけど……）

誰だろう、こんなひどいことを書いたのは。うちの大学の学生であることは間違いないと思うけど。ぼくの人権が侵害されたんだ！　これって憲法問題だよね！

うーん、何か違う気がしますけど。ちょうど今日の法学の授業で憲法の人権の話をするって言ってましたから、そこで勉強してみましょう。

よし！　今回は居眠りしないでちゃんと聞くことにするよ！

（……ノゾムさん、やっぱり授業中に寝ているじゃないですか……）

今回の講義は
横大道聡先生
憲法担当

● 「理念としての人権」と「憲法が保障する人権」は区別しよう。

● 憲法上の人権は、誰に対しても同じだけ保障されるわけではない!?

● 人生いろいろ、人権もいろいろ！

● 人権の制約が許されるのはどんなとき？

人権ってなんだろう？──人権理念と憲法の関係

*1　たとえば、1776年のアメリカ独立宣言では、「われわれは、以下の事実を自明のことと信じる。すなわち、すべての人間は生まれながらにして平等であり、その創造主によって、生命、自由、および幸福の追求を含む不可侵の権利を与えられているということ」として、人権が神（創造主）によって与えられたものであると宣言されている。

憲法97条
この憲法が日本国民に保障する基本的人権は、人類の多年にわたる自由獲得の努力の成果であつて、これらの権利は、過去幾多の試錬に堪へ、現在及び将来の国民に対し、侵すことのできない永久の権利として信託されたものである。

●人権という考え方

　人権とは、読んで字のごとく、人であるということだけを理由に、人が生まれながらにして等しく持っている権利のことだ。かつては、同じ人間なのに人間として扱われなかったり、生まれながらに身分の上下が決められていて、王族や貴族、聖職者にだけ権利が認められていたような時代が長く続いたが、人権という考え方はそれを否定するものだ。

　なぜ人間にだけ人権が認められるかという論点を人権の基礎付け論というが、かつては、神様を持ち出して説明することが多かった*1。しかし現在では、人間は尊厳をもつ自律的な存在だからという、個人を最重要視して個人を起点に物事を考えるべきだという個人主義思想から説明するのが一般的だ。

　この理念としての人権を、ただの理念に終わらせてしまうことがないように、多くの国家は憲法に人権を取り込んで、その保障を現実のものにしようと試みている。日本国憲法も同様に、「理念としての人権」を取り込み、後で見るようにたくさんの人権を憲法上の人権として明文で保障している。そして第8章で勉強したように、裁判所に対して、法律や命令、さらには国家の行為が憲法に適合するか否かを判断するという違憲審査権を与えて、人権の保障が「絵に描いた餅」に終わってしまわないようにする違憲審査制を導入している。

●それって憲法の問題？

　ところで、今の日本社会は、どのような人権問題を抱えているだろうか。読者の皆さんのなかにも、希望くんのように、他人から悪口を言われたりすることを人権問題と考える人は少なくないと思う。実際、内閣府が実施した人権擁護に関する世論調査（平成29年10月調査）では、人権が侵害されたと思ったこと

が「ある」と答えた者（279人）に対して、それはどのような場面かを聞いたところ、「あらぬ噂、他人からの悪口、かげ口」（51.6％）、「職場での嫌がらせ」（26.2％）、「名誉・信用のき損、侮辱」（21.1％）、「学校でのいじめ」（21.1％）、「プライバシーの侵害」（19.4％）という順になっている。

ここに挙がっている人権侵害の場面は、私人[*2]が私人に対して行った行動が中心である。しかし私たちは第1章で、憲法は、国の体制や、国と個人の関係に関する公法に属していることを勉強したし、第8章でも、憲法とは、国を運営していくための基本的なルールを定める法であり、憲法が保障する人権規定は、**国家の権限を制限するルール**であって、いわば、国の運営に際してやってはいけないことを中心にリストアップしたものだということを勉強した。このような憲法の位置づけからすると、憲法上の権利としての人権の問題は、公権力（国や地方自治体）の行使によって引き起こされる事態に限定されるのではないだろうか。実際、憲法尊重擁護義務を定める憲法99条は、公務員だけを義務を負う主体に挙げ、そこに国民を入れていない。

かなえさんが感じた違和感の理由（のひとつ）はここにある。

憲法上の人権は、誰に、どこまで保障されるのだろう？

●私人間の関係でも憲法上の人権は保障されるの？——憲法の私人間効力（しじんかんこうりょく）

「理念としての人権」と「憲法上の人権」との違いについて、実際に起こった事件を参考にしながら確認してみよう。

あなたは、ある企業の採用時の面接で、政治活動歴とか、どの政党を支持しているのかといった思想や信条に関係のある事項を申告するように求められたとしよう。もし、そのようなことを国や地方自治体が公務員としてあなたを雇うときに行ったとすれば、憲法19条が保障する思想・良心の自由の問題となり、裁判所で憲法違反だと判断される可能性が高い。しかしこのケースは、一般企業が就職活動中の学生であるあなたに対して行ったものであり、私人対私人という構図になっている。この場合にも憲法19条の問題になるのだろうか。

このような問題が論点のひとつとなった事件[*3]で、最高裁判所は、憲法の人権規定は「国または公共団体の統治行動に対して個人の基本的な自由と平等を保障する目的に出たもので、もっぱら国または公共団体と個人との関係を規律するものであり、私人相互の関係を直接規律することを予定するものではない」と断言した。しかもこのことは、「基本的人権なる観念の成立および発展

の歴史的沿革に徴し、かつ、憲法における基本権規定の形式、内容にかんがみても明らかである」とまで言っている。

では、私人同士で人権の問題が生じたときにはどうすればよいのか。最高裁判所によると、その解決は、「近代自由社会においては、原則として私的自治に委ねられ、ただ、一方の他方に対する侵害の態様、程度が社会的に許容しうる一定の限界を超える場合にのみ、法がこれに介入しその間の調整をはかるという建前がとられている」という。つまり、私人同士の人権問題は、憲法ではなく、第2章で勉強した私的自治の原則や、それに関係する私法の一般的ルール*4、そして法律などの立法措置を通じて解決されるべきだというのだ。

日本国憲法は、「理念としての人権」を取り込んだ。しかし、「理念としての人権」は、憲法に取り込まれて「憲法上の人権」になったために憲法の論理に従わざるを得なくなる。憲法は国を運営していくためのルールであり、あくまでも公権力を規律する法である。その結果、「憲法上の人権」は、国家権力による人権侵害に対してだけに向けられることになる。私人と私人の人権問題は、「理念としての人権」の問題ではあるが、「憲法上の人権」の問題ではない、ということになるのである。なお、「理念としての人権」の具体化は、憲法だけではなく法律によって行われることもあれば、国際的な条約によって行われることもある（第12章、第13章も参照）。憲法の守備範囲は対国家権力に限定されているが、他の法令によって「人権」が多層的に守られているということも押さえておきたい。

●憲法上の人権は誰に保障されるの？——人権の享有主体性

「理念としての人権」が「憲法上の人権」になった結果、別の問題も生じる。誰に憲法上の人権が保障されるのかという、人権の享有主体性という論点だ。

憲法上の人権は、第3章「国民の権利及び義務」の箇所（10条〜40条）に列挙されている。また、憲法11条は「国民は、すべての基本的人権の享有を妨げられない」、12条も「この憲法が国民に保障する自由及び権利」という言い方をしているが、ここだけを見ると、憲法上の人権が保障されるのは「国民」だけかのようである*5。そこで、「国民」ではない「外国人」にも憲法上の人権が保障されるのかが問題となるが、最高裁判所は、「憲法第三章の諸規定による基本的人権の保障は、権利の性質上日本国民のみをその対象としていると解されるものを除き、わが国に在留する外国人に対しても等しく及ぶものと解すべき」だと述べた*6。「理念としての人権」はもともと人一般に認められるもの

であったこと、そして憲法が前文で国際協調主義を謳っていることなどに鑑みると、権利の性質に照らして、可能な限り外国人にも憲法上の人権の保障を認めるべきだとの考え方には説得力がある。たとえば、思想・良心の自由や信教の自由を外国人に認めない積極的な理由はないが、第8章でみた選挙権などは、国民主権の観点から国民にだけ限定してこれを認めることも許されるだろう。

最高裁判所は、生物学的な意味での人間ではない、第10章で勉強する株式会社などの「法人」の人権について同様の立場を採用し、「憲法第三章に定める国民の権利および義務の各条項は、性質上可能なかぎり、内国の法人にも適用されるものと解すべき」と述べている[7]。ここでもやはり、権利の性質ごとに、具体的に考えていくべきであるとされている。

*7　八幡製鉄政治献金事件判決〔最大判昭和45年6月24日民集24巻6号625頁〕

その他にも、人権の享有主体性という表題のもとに、日本国籍を有する生身の人間ではあるものの、特別な人権の制限を受ける存在である、未成年者や天皇・皇族の人権[8]についても議論されている。

●国と特別な関係にある国民の場合は？──特殊な法律関係

*8　日本国憲法は、第1章「天皇」から始まる（1条～8条）。天皇は、戦前は「神勅」に基づく「神聖不可侵」の「統治権の総覧者」（明治憲法1、3、4条）であったが、日本国憲法の下、「国民の総意」に基づく「国政に関する権能を有しない」「象徴」に生まれ変わった（1、4条）。皇位の世襲性と職務の特殊性から、天皇には、職業選択の自由や、婚姻の自由、政治活動に参加する権利が保障されておらず、また、天皇の親族の一部である皇族（皇室典範で定義されている）の人権も、一定の制限を受けている。

「理念としての人権」は、人である以上、誰にでも保障されるが、「憲法上の人権」は、その人が置かれている状況に応じて保障の程度が異なることがある。国と特別な関係にある国民の場合、たとえば、国や自治体などの公権力のために働く国家公務員や地方公務員、あるいは罪を犯したとして裁判で有罪と判断されて刑務所などの刑事施設に収容されている者などについては、一般的な国民と比べて、人権の保障の程度が異なる。

たとえば、国家公務員の場合、「公務員の職務の遂行の政治的中立性を損なうおそれが実質的に認められる」政治的行為が広く制限されているが（国家公務法102条1項など）、それは表現の自由を保障する憲法21条に違反しないと最高裁判所で判断されている[9]。刑事施設に収容されている者についても、逃亡や証拠隠滅を防止するために必要な人権制約が認められると判断されている[10]。

*9　堀越事件判決〔最判平成24年12月7日刑集66巻12号1337頁〕

*10　よど号ハイジャック記事抹消事件判決〔最大判昭和58年6月22日民集37巻5号793頁〕

以上のように、「理念としての人権」が「憲法上の人権」になったことにより、私人間効力、人権の享有主体性、特殊な法律関係における人権保障といった諸論点が出現するのである。ここでは、なぜこういった問題が憲法上の論点となっているのかを理解できたのならば、十分である。詳しく知りたい読者は、ぜひ憲法の教科書にチャレンジして欲しい。

どのような人権が保障されているのだろう？──人権の分類

●人権を分類してみよう

　一口に人権といっても、さまざまなタイプのものがある。人権はいろいろな指標から分類することができるが、国家と国民との関係に着目して人権を分類すると、次のように整理できる（**図1**）。

　まず、国家からの侵害を受けない個人の自由な領域を確保し、国家の不作為、つまり不介入を要求する権利がある。これは、**自由権**とか**防御権**、あるいは**消極的権利**と言われる権利であり、**国家からの自由**とも呼ばれる。たとえば、憲法21条が保障する表現の自由は、表現行為を行おうとする個人を国家は邪魔してはいけないという性格を有する権利だ。自由権はさらに、その保障対象に応じて、①表現活動や思想、宗教活動など精神活動に関する**精神的自由**、②財産や職業のような経済活動に関する**経済的自由**、③身体に関する**身体的自由**に細分される。

　次に、国民が国家に対して一定の積極的作為を請求する権利がある。これは、**受益権**あるいは**積極的権利**と言われる権利であり、**国家による自由**とも呼ばれる。たとえば、憲法25条は「健康で文化的な最低限度の生活を営む権利」という生存権を保障しているが、その実現のためには、国家は何もしないという不作為ではなく、何かをするという作為が求められる。

　受益権は**社会権**と**国務請求権**に区別できる。前者は、資本主義経済の発展に伴ってさまざまな弊害が生じた社会において、社会的・経済的な弱者を保護するために認められた権利であるのに対して、後者は、社会的・経済的な弱者の保護を主眼としておらず、すべての市民に対して人権確保をする前提として保障された権利だ。前者に該当する権利としては生存権や労働基本権などがあ

> **憲法21条**
> 1項　集会、結社及び言論、出版その他一切の表現の自由は、これを保障する。
> 2項　検閲は、これをしてはならない。通信の秘密は、これを侵してはならない。

> **憲法25条**
> 1項　すべて国民は、健康で文化的な最低限度の生活を営む権利を有する。

図1　国家と国民の関係に着目した人権の分類

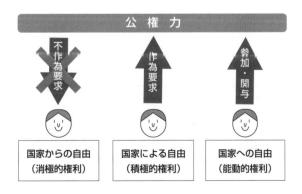

り、後者に該当する権利としては、裁判を受ける権利や国家賠償請求権などがある。なお、受益権の場合、権利の具体的な実現方法は多様であり、そのための制度設計や予算措置などが必要となってくることなどから、国会や内閣による判断が広く認められやすい。

第3に、国民が国家の運営に積極的に関与することを求める権利がある。これは、**参政権**あるいは**能動的権利**（のうどうてき）などと言われる権利であり、**国家への自由**とも呼ばれる。参政権の典型は第8章で登場した選挙権である。

●日本国憲法が保障する人権——13条と14条は特殊？

以上の整理を手がかりに、日本国憲法で具体的に保障されている人権を見てみることにするが、その際にいくつか注意しなければならないことがある。

第1に、憲法が保障する個々の人権は、このうちのどれか1つの性格だけしか持たないわけではないということである。たとえば、先ほど消極的権利の例に用いた表現の自由は、国家の有する情報を開示するよう請求する積極的権利である**知る権利**も保障している。また、積極的権利の例に用いた生存権も、国家の行為によって憲法で文化的な最低限度の生活を営むことを邪魔されないという意味で国家の不作為を求めるという側面も有している。

第2に、憲法は、表現の自由（21条）、職業選択の自由（22条）、学問の自由（23条）など、具体的な個人の行動類型を人権として保障しているが、個別の条文で具体的な名前を与えられて保障されていなくとも憲法上の保障に値する人権もある。憲法に列挙されている人権は、歴史的に制約を受けやすかったもののリストであり、リストアップされた人権しか保障しないという趣旨ではな

憲法22条
1項 何人も、公共の福祉に反しない限り、居住、移転及び職業選択の自由を有する。

憲法23条
学問の自由は、これを保障する。

制度の保障

憲法のなかには、個人の人権を保障したというよりはむしろ、特定の制度を保障したと解される規定がある。たとえば、憲法20条3項は、「国及びその機関は、宗教教育その他いかなる宗教的活動もしてはならない」という、政治と宗教とを分離するという政教分離の制度について定めるものであり、信教の自由を直接に保障する規定ではない。最高裁判所も、「元来、政教分離規定は、いわゆる制度的保障の規定であって、信教の自由そのものを直接保障するものではなく、国家と宗教との分離を制度として保障することにより、間接的に信教の自由の保障を確保しようとするものであ

る」と述べている。

政教分離のほかにも、憲法23条が保障する学問の自由から導き出される「大学の自治」、憲法29条から導き出される「私有財産制度」、憲法第8章の「地方自治」（92〜95条）などが、制度を保障した規定と理解されている。

特定の制度が憲法で保障されることにより、制度の根幹を侵すような法律の制定が禁止されることになる。なお、そのような事態が生じたとしても、誰か具体的な個人の人権が侵害されたとはいえないため、それを裁判で争う際には工夫が必要となる。

憲法13条
すべて国民は、個人として尊重される。生命、自由及び幸福追求に対する国民の権利については、公共の福祉に反しない限り、立法その他の国政の上で、最大の尊重を必要とする。

憲法14条
すべて国民は、法の下に平等であつて、人種、信条、性別、社会的身分又は門地により、政治的、経済的又は社会的関係において、差別されない。

いからだ。そしてその際に特に活用されるのが憲法13条である。先に人権を保障する根拠としての個人の尊厳・人間の尊厳について言及したが、憲法13条は、前段で「すべて国民は、個人として尊重される」ことを宣言し、後段で「生命、自由及び幸福追求に対する国民の権利」の「最大限の尊重」を求めている。すべての人権は個人として尊重される人間の幸福追求に関する権利といえるため、**憲法13条が憲法にリストアップされていない権利を導き出す際の手掛かりとして用いられる**のである。実際、最高裁判所は13条を用いて、プライバシー権や個人の私生活上の自由などを導き出している[*11]。

この意味で憲法13条が保障する**幸福追求権**は、人権の分類のどこかに位置づけることが難しい特別の性質を有しているが、憲法14条が保障する**平等**もまた同様に、特別な性質を有している。これが第三点目である。まず平等は、何かとの比較によって初めて意味をもつものである点で、具体的な行動類型を保障する他の人権とは異なる。次に平等は「等しいものは等しく扱う」ことを要請するが、平等をどのように捉えるかによって「等しい」かどうかの理解が変わる。たとえば、生物学的意味ではすべて等しい人間も、個々の人が置かれている具体的状況は、人種、性別、年齢、所得など多種多様である。したがって、他の人と異なった扱いをしたことだけでは、ただちに平等に反するとはいえない。そこで裁判所も、別に扱う合理的理由があれば許されると述べている[*12]。

図2　人権の分類図

包括的基本権（13条）		
法の下の平等（14条）		
自由権	精神的自由	思想・良心の自由（19条） 信教の自由（20条） 表現の自由（21条） 集会・結社の自由（21条） 学問の自由（23条）　など
	経済的自由	居住・移転の自由（22条） 職業選択の自由（22条） 財産権の保障（29条）　など
	身体的自由	奴隷的拘束及び苦役からの自由（18条） 適正手続の保障（31条）　など
受益権	社会権	生存権（25条） 教育を受ける権利（26条） 勤労の権利（27条） 労働基本権（28条）　など
	国務請求権	国家賠償請求権（17条） 裁判を受ける権利（32条） 刑事補償請求権（40条）
参政権	選挙権（15条） 請願権（16条）　など	

＊11　たとえば、京都府学連事件判決〔最大判昭44年12月24日刑集23巻12号1625頁〕は、「憲法13条は、……国民の私生活上の自由が、警察権等の国家権力の行使に対しても保護されるべきことを規定しているものということができる。そして、個人の私生活上の自由の一つとして、何人も、その承諾なしに、みだりにその容ぼう・姿態（以下「容ぼう等」という。）を撮影されない自由を有するものというべきである。これを肖像権と称するかどうかは別として、少なくとも、警察官が、正当な理由もないのに、個人の容ぼう等を撮影することは、憲法13条の趣旨に反し、許されないものといわなければならない。」と判示している。

＊12　たとえば、待命処分事件判決〔最大判昭和39年5月27日民集18巻4号676頁〕は、「事柄の性質に即応して合理的と認められる差別的取扱をすることは、なんら右各法条〔憲法14条〕の否定するところではない。」と判示している。

以上のことに注意して憲法が保障する人権を整理すれば、前頁の**図2**のようになる。

人権を制約してもよいのはどのようなとき？──人権の限界

●人権制約の根拠としての「公共の福祉」

第8章で勉強したように、日本国憲法は裁判所に対して、法律や命令、さらには国家の行為が憲法に適合するか否かを判断するという**違憲審査権**を与えた（81条）。したがって裁判所は、憲法が保障する人権が侵害された場合には、その法律などを違憲・無効と判断することができる。

しかし人権といえども、絶対的で無制約なものではない。最先端の科学技術を用いた研究は、たとえ個人の生命・健康を脅かし、倫理を逸脱する内容であっても、学問の自由（23条）によって無条件に保障される──という考えは疑問に思うだろう。人権にも限界があるということを、日本国憲法では**公共の福祉**という言葉で表現している（特に12条、13条を参照）。

学説はかつて、公共の福祉の具体的内容は、人権同士の矛盾・衝突を調整する実質的公平の原理であると説明してきた。「人権を制約できるのは他者の人権だけである、それは権利に内在する限界だ」と考える立場（一元的内在制約説と呼ばれる）であるが、現実には、社会全体の利益に基づいて人権が制約される場面もあり得ることを認めざるを得ないし、最高裁判所も、他者の人権との衝突を調整する場面でなくても人権の制約を認めている[13]。

こうして現在では、公共の福祉は人権を制約する「一般的な根拠」ではあるものの、人権の制約が許されるか否かの「正当化事由」は、具体的事件における具体的な人権の性質に応じて、個別に考えなければならないとされる。別の言い方をすれば、公共の福祉の具体的な意味内容を探究することから、憲法に違反するか否かを判断するための具体的な基準の探究へと関心が移行している。この基準を適用した結果として人権の制約が正当化された場合、それは公共の福祉に基づく制約であったと説明されることになるため、公共の福祉概念自体を抽象的に論じる必要がなくなるのである。

●人権の制約が許されるかどうかはどうやって判断すればいいの？

人権の制約の合憲性を判断するための基本形は**比較衡量**である。すなわち、一定の利益を確保しようとする目的のために人権の制限が必要とされる程度と、制限される人権の内容及び性質、これに加えられる具体的制限の態様及び

程度等を具体的に比較衡量して、その合憲性を判断するというのが基本形だ。

しかし、比較の基準が必ずしも明確でなく、とくに社会全体の利益と一国民との利益の衡量が行われる憲法の分野においては、前者が優先されがちであるという問題がある。そこで学説は、比較衡量をどのように行うべきかについてさまざまな提言をしており、その一部は最高裁判所でも取り入れられている。

学説が提案してきた考え方として、まず、問題となる権利の性格によって、裁判所が合憲性審査に臨むスタンスを変えていくべきだという**二重の基準論**がある。これは、精神的自由と経済的自由を区別し、前者が制約されている場合は後者が制約されている場合よりも厳しくその合憲性を審査すべきであるという考え方である[14]。その理由は、経済的自由権が規制されても、精神的自由が保障されていれば、政治批判や選挙を通じた民主政のプロセスのなかで被害回復が可能であるが、精神的自由は、それがいったん制約されてしまうと、民主政のプロセスのなかで被害回復することが困難だから、裁判所が積極的にその合憲性を判断すべきであるからだとか、経済的な問題について裁判所は専門的な知識を欠いているから、むやみに立ち入った判断をすべきでないなどというのが根拠として挙げられる。最高裁判所もある判決で、「集会の自由の制約は、基本的人権のうち精神的自由を制約するものであるから、経済的自由の制約における以上に厳格な基準の下にされなければならない」と述べているように[15]、二重の基準論の考え方は最高裁判所でも取り入れられている。

さらに学説は、この「二重の基準論」をベースにしながら、より細かな違憲

*14 憲法は、公共の福祉という言葉を、憲法12条、13条のほかにも、職業選択の自由（22条）と財産権（29条）でも用いているが、これは経済的自由に分類される人権は、制約を受ける余地が広いことを示すためだと理解されている。

*15 泉佐野市民会館事件判決〔最判平成7年3月7日民集49巻3号687頁〕

違憲審査基準

違憲審査基準論は、人権を制約している規定は、どのような「目的」で、いかなる「手段」を採用しているのかという観点から整理したうえで、目的の重要度と、目的と手段の結びつき（目的手段審査）をどこまで求めるかを場合分けして提示することで、違憲審査権を行使する裁判所・裁判官による主観的な判断ではなく、客観的な基準に基づいた判断となるように試みる議論であり、違憲審査制の母国であるアメリカの判例や学説を参考に提唱されている議論である。

具体的には、①必要不可欠な利益を確保する目的で、手段もその目的を達成するために必要最小限度に仕立てられていることを求める「厳格審査基準」、②重要な利益を確保する目的で、手段が目的と実質的に関連していることを求める「中間審査基準（厳格な合成の基準）」、③正当な利益を確保する目的で、手段が目的と合理的に関連していることを求める「合理性基準」という3種類の基準を提示する。そして、二重の基準論をベースにしながら、権利の性格や、そこに加えられる制限の強さなどを踏まえて、用いるべき基準を決定し、それに基づいて合憲性を審査すべきとする。

しかし本文で述べたように、最高裁判所は基準を立てて判断せずに、事件に応じて柔軟に比較衡量をしようとする傾向がある。憲法の領域では、判例と学説の距離は大きい。

column

審査基準を提案し、審査基準ごとに、人権の制約を正当化するために超えなければならないハードルの高さを設定することで、比較衡量を可能な限り枠付けようと試みている。しかし裁判所は、あらかじめ決められた違憲審査基準に基づいて判断するのではなく、比較衡量を具体的な事件ごとに柔軟に適用して判断することが多い。⇨ コラム 違憲審査基準

より 深 く 学 びたい人へ

人権の問題の考え方

　人権に関する判例はたくさんあり、ここですべてを見ていくことはできない。詳しくは憲法の講義で勉強して欲しいが、ここでは具体例を挙げながら、人権問題を考えるために必要な視点を提示してみたい。

　憲法は非常にあっさりと書かれている。たとえば、憲法23条は「学問の自由は、これを保障する」と書いてあるだけだ。これまで勉強してきた民法や刑法では、法律のなかに、何をしたらどういう法的効果が発生するかという要件と効果がきちんと書かれているのがふつうであったが、憲法はそうではない。

　そのため、まずは、ある人権規定が、具体的に何を保障しているのかを考えることが必要となるが、手がかりとなるのは判例だ。たとえば最高裁判所は、憲法23条の学問の自由は、①学問研究活動の自由、②学問研究成果の発表の自由、③大学における教授の自由、④大学の自治をその内容とするものだと述べている（東大ポポロ事件判決〔最大判昭和38年5月22日刑集17巻4号370頁〕）。判例が豊富にない領域もあるので、学説もまた参考にしながら、人権の保障内容について考えて欲しい。

　次に、人権が制約されていることが認定されたら、そのような法律の合憲性をどのように判断すればよいのかを考えることになる。「公共の福祉」に適合すれば合憲、しなければ「違憲」ということになるが、やはり憲法の条文だけを手がかりにして判断することは難しい。本文で見た「比較衡量」や「違憲審査基準論」が議論されているのは、この欠缺を補うためである。

　どのような基準ないし判断枠組みを用いて法律などの合憲性を判断するかを決めたら、その法律がどのような目的で、どのような規制を設けているのかなどについて判断する。いわゆる「あてはめ」とも呼ばれる検討部分であり、当該立法を支える社会的事実（立法事実）を精査しながら具体的に検討していくことが求められる。

　なお、憲法が訴訟で主な争点となっている事件の場合でも、刑事訴訟法、民事訴訟法、行政事件訴訟法などの訴訟法のなかで憲法上の主張をしていくことになることにも注意したい。このあたりは、訴訟法上の知識も必要となるから、いろいろな法律の勉強をした後、改めて憲法に戻って考えてみると理解が深まるだろう。裁判所のウェブサイトから、多くの著名な判例を入手することができる。人権侵害が争われた判決文を実際に読んでみてほしいが、その際、以上に述べたことを念頭に置きながら読むことをお勧めする。

小学校から高校まで、憲法について勉強する機会はたくさんあったけど、今日の授業で初めて知ったことも多かったよ。「理念としての人権」と「憲法上の人権」の区別はとくに勉強になったな。

ノゾムさん、今日は寝ないでちゃんと授業を聞いていたみたいですね。

SNSに書かれたぼくへの悪口は、憲法上の人権の問題とはなりにくいってことがわかったよ。結局、どういう問題なんだろう？

授業では、「理念としての人権」を保障するのは憲法だけじゃないよって言っていましたね。前に民法の不法行為について勉強しましたが、それが関係するんじゃないでしょうか。あと、刑法にも侮辱罪や名誉毀損罪があるようですよ。

これまで勉強してきたことと繋がってくるね。だんだん法学の勉強が楽しくなってきたよ。

課題

この章のテーマをさらに
深めるために

- 希望くんは名誉毀損について気になっている。名誉毀損は、表現の自由と名誉権が衝突する場面であるが、どのようにして裁判所は判断をしているだろうか。刑法上の名誉毀損と、不法行為としての名誉毀損のそれぞれについて調べてみよう。
- インターネットやSNSでの誹謗中傷は匿名で行われることが多いため、被害者の救済と加害者への責任追及のために、発信者情報を開示する仕組みがある。それがどのような仕組みなのか、プロバイダ責任制限法を調べてみよう。

第10章 企業は社会でどう活動するの?

会社法

オレさ、将来、会社の社長になりたいんだ！社長って、かっこよくない？

え、でも社長って社内で出世しないとなれない気がするけど？

いつの時代の話だよ？ 自分で会社をつくればその日から社長になれるぜ。オレの頭の中にはアイデアがぎっしり詰まってるんだ！

会社ってそんな簡単にできるの？ しかも、社長になってからが大変じゃない？ 会社の仕組みとか知らないで経営できるのかな？

たしかになぁ……会社の不祥事でお詫び会見とか、ニュースでよくやってるもんなぁ。いい会社にするためには何を知っていればいいのか、ノゾムが代わりに聞いて来てくれれば、法務担当として雇ってやってもいいぜ。

今回の講義は
金尾悠香先生
会社法

- ●会社ってなに？　自然人と違うの？
- ●株式会社の資金調達は、どうやってするの？
- ●株式会社の組織は、どうやって動くの？
- ●適切な株式会社運営のための仕組みは、どんなものがあるの？
- ●企業のする取引（商取引）には、どんなルールがあるの？

企業・会社ってなんだろう？

*1　公企業と私企業のほか、営利企業と非営利企業、個人企業と共同企業、非法人企業と法人企業などにわけることができる。

*2　たとえば、ひと言に、企業といっても、複数人が共同して経営していく共同企業には、法律学上、民法上の組合契約を利用して形成される企業、商法上の匿名組合契約を利用して形成される企業、会社法による企業など、多くある。

*3　私企業は自由な設立が原則である。これに対して、公企業や公的目的を有する企業は、公法の世界に近く、特別な規制がある。

*4　会社は、企業のなかでも資本と労力をあわせもち、大規模、効率的かつ永続的に活動を行える形態であるため、企業形態の中心である。

*5　会社法上の会社には、株式会社、合名会社、合資会社、合同会社（後者3つをあわせて持分会社という）の4種類がある（会社法2条1号）。これらの種類は、会社の構成員が、会社の債務について、どのような責任を負うかによって区別される。

●企業と会社

　みなさんは、社会人として世に出るとき、どのような将来を描くだろうか。学生であれば、進路に企業への就職を考える人は少なくないだろう。また、社会では、多くの人が消費者として企業（お店）から商品を購入するなど企業と接する機会を有しているだろうし、長い人生では投資家として企業に出資する機会もあるだろう。社会には、企業との接点が溢れている。

　では、企業とは、一体、どのようなものであろうか。企業とは、経営学や経済学の観点からみれば、現代の資本主義経済において財貨やサービスを企業採算的見地から継続的・計画的・大量に生産・分配ないし供給する組織体のことである。一方で、法律学の観点からは、企業は、設立方法・出資者の性質・目的・運営組織などから分類され[*1]、その種類や位置づけは多岐にわたる[*2]。どのタイプの企業をつくるかは、起業する人が、自分の目的や利便にあわせて自由に選択すればよい[*3]。人は経済的自由にもとづき、自由に経済活動や営利活動をすることができ、組織を形成することにより、大きく世界を構築できる。商法や会社法を含む企業法は、これを促進するためのルールである。

　この章では、企業の中において最も主要な形態[*4]である会社法上の会社[*5]、とりわけ株式会社に関する法を中心にみていこう。

●会社とは？──営利社団法人

　社会で活動する権利義務の主体には、人（自然人）のほか、法人がある（⇨1章10頁参照）。法人は、法が自然人になぞらえる存在として、その目的や必要ある範囲で自然人と同じように扱われる。会社も、会社法によって生み出される

法人であり（**法人性**）、会社自身が、意思表示をしたり契約をしたり、活動することができる。

また、会社は、事業により利益をあげるという営利意思を有する存在である（**営利性**）。そして、そのような同一の目的を有する人の集まり（社団）でもある（**社団性**）。社団に集う構成員を**社員**という*6。社団の構成員になるための条件は各社団で異なるが（たとえば、同好会のような音楽サークルにおいては音楽好きな人であれば誰でもメンバーになれるかもしれない）、会社という営利を目的とする社団においては会社に出資をした人が構成員になれる。

会社は、このような**営利社団法人**という性質をもち、経済取引社会に適するように法によって生み出されている。

株式会社の設立と資金──発起人・株式・株主

では、会社を設立するためにはどうしたらよいだろうか。以下、株式会社を題材に、みていこう。

●株式会社を設立しようとする中心人物──発起人

まず、株式会社を設立しようとして、事業を企画し、設立に必要ないろいろな法的手続きを実行していく人を、**発起人**とよぶ。

会社は、会社法の規定に従って手続きを経れば、誰でも自由に設立することができる（**準則主義**）*7。そこで、発起人は、**定款作成**をはじめとする会社の設立に必要な法定手続きをこなしていく。**定款**とは、会社の重要事項を定めた根本規則をさす。また、会社を設立する意思表示でもあり、会社の憲法のようなものである。たとえば、会社の事業内容（目的）、正式名称（商号）、本店の所在地などが記載される（会社法27条など参照）。

定款に不備があった場合や定款規定のとおりに実行しなかった場合、会社設立の意思にキズがあると考えられてしまい、結果として、会社設立が無効とされることがありうるので気をつけよう（828条1項）。

●株式会社の資金調達──自己資本・株式・株主

次に、株式会社の**資金調達**方法を考えてみよう。会社は、設立時にも成立後の活動にも、資金を必要とする。

会社運営のための資金調達方法には、発起人がポケットマネーを出すという方法があるかもしれないし、銀行などの金融機関からの借入という方法があるかもしれない。しかし、個人の資力には限界があるし（個人企業の限界）、借入

は期日になったら返済の必要がある（他人資本）。

そこで、株式会社法は、多数の人たちから少しずつでも出資を集めるため、出資者が、①少額から、②安心して出資できると同時に、③出資すれば出資するほど利する仕組みをとる。また、その資金は、出資者の個人財産から切り離され、会社自身の財産として構築され（財産分離・自己資本）、会社自身が会社の運営資金として自由に使える仕組みをとっている。

それでは、この資金調達の基礎となる株式制度を見ていこう。

●**株式と株式引受契約**

皆さんも「株式」という言葉を聞いたことがあるだろう。**株式とは、株式会社の構成員（社員・株主）の地位のことであり、多数に細分化した割合的単位に分割されている。**長さや重さに単位があるように、株式会社の社員の地位にも単位があり、その数で地位の大きさが決まる。株式会社は、この社員の地位たる株式を発行して、いわば出資者に購入してもらうことで(株式引受契約の締結)対価を集め、それらを会社の資金とする。

出資をして株式を入手した者は、株式会社の社員になり、**株主**とよばれるようになる[8]。株式は細分化してあるため、出資者は自分の資金余力にあわせて少額から購入できる（遊休資本の活用）。株式会社の資金調達は、少額・零細でも多数の人から資金を集積していく、いわば塵積安心方式なのである。大規模な会社においては、億を超える個数の株式を発行して、何万人もの出資者（株主）から出資を受けていることも少なくない。

なお、設立段階で、株式を、発起人だけに発行して、発起人だけで資金調達をする設立方法を**発起設立**という。他方、発起人以外にも、プラスアルファで会社へ出資してくれる人たちを募る設立方法を**募集設立**という。募集設立は発起設立よりも設立に関与する人が多いことから、設立手続きは慎重を期すため複雑になる[9]。

●**株主の権利──自益権と共益権**

株式は、単なる会社の社員の地位というだけではない。その地位から、自益権・共益権とよばれるいろいろな権利が流出して（105条など）、株主にとっての実利ともなる。**自益権とは、経済的な利益を株主個人へ付与する権利をさす。**たとえば、株式会社が事業から利益をあげた場合、その利益を株主へ還元する**剰余金配当請求権**がある。また、**共益権とは、株主が会社運営に参画したり運営監督したりできる権利のことをさす。**たとえば、会社の運営について株主の

会社法828条
1項 次の各号に掲げる行為の無効は、当該各号に定める期間に、訴えをもってのみ主張することができる。
1号 会社の設立 会社の成立の日から2年以内

*8 株主になるためには、株式引受契約の締結のほか、株式を譲り受ける（株式譲渡、会社法127条以下参照）ことでもなることができる。

*9 たとえば、募集設立（会社法57条以下参照）では、創立総会を開催する必要がある。出資者全員で設立時の役員を選任したりする（会社法65条以下参照）。

会社法105条
1項 株主は、その有する株式につき次に掲げる権利その他この法律の規定により認められた権利を有する。
1号 剰余金の配当を受ける権利
2号 残余財産の分配を受ける権利
3号 株主総会における議決権

意見を表明するための株主総会における**議決権**（投票権）などがある。

●株主平等原則

また、株式会社は、株主をその株式の種類および数に応じて平等に扱わなければならない（109条）。これを**株主平等原則**とよぶ。すなわち、株式の数が多ければ多いほど、株主の有する権利の大きさが大きくなるのである。たとえば、A株式会社の株式を、Bさんが1株式、Cさんが10株式もっていたとしよう。A社が株主に利益分配するとき、Cさんが受けとる剰余金配当の額はBさんが受けとる額の10倍となる（454条）。また、株主総会（後述）における議決権も、Bさんが1議決権を有するところ、Cさんは10議決権を有することになる（一株一議決権の原則：308条）。株主総会の決議は多数決で決まっていくが、それは多数の人数の人に支持されるという意味ではなく、資金をたくさん拠出している人の意見が通るのである（**資本多数決**）[*10]。現代の公職選挙における普通選挙や多くの多数決が1人につき1投票権で決する**頭数多数決**とは異なる。

営利を目的とする会社という営利社会での衡平性、出資者を募りやすくするための仕組み、株式が割合的単位をとっていることなどを理由として、このような会社法に特有の平等原則が導かれる（**図1**）。

●間接有限責任と財産分離

さらに、どのような仕組みがあれば、出資者は安心してより多くの出資をしてくれるだろうか。そのためには、会社の財産状況が悪化した場合でも出資者の個人財産が守られることが必要になろう。そこで、法は、出資者が会社に対して拠出した資金を出資者個人の財産から分離して、会社自身の資金とする（**財産分離・自己資本**）。会社はそれらの資金を自由に使っていいし、使い果たし

会社法109条
1項　株式会社は、株主を、その有する株式の内容及び数に応じて、平等に取り扱わなければならない。

[*10]　アイドルグループの「総選挙」などで、商品を購入すればするほど多くの投票権がもらえる事象なども想像してみよう。

会社法454条
3項　第1項第2号に掲げる事項についての定めは、株主（当該株式会社及び前項第一号の種類の株式の株主を除く。）の有する株式の数（前項第2号に掲げる事項についての定めがある場合にあっては、各種類の株式の数）に応じて配当財産を割り当てることを内容とするものでなければならない。

会社法308条
1項　株主（株式会社がその総株主の議決権の四分の一以上を有することその他の事由を通じて株式会社がその経営を実質的に支配することが可能な関係にあるものとして法務省令で定める株主を除く。）は、株主総会において、その有する株式一株につき一個の議決権を有する。ただし、単元株式数を定款で定めている場合には、一単元の株式につき一個の議決権を有する。

[*11]　新しく株式を発行した場合などは、発行前後で持株比率が変動する。

図1　持株と持株比率

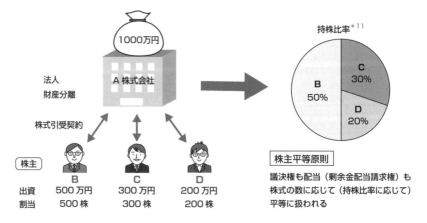

持株比率[*11]

株主平等原則
議決権も配当（剰余金配当請求権）も株式の数に応じて（持株比率に応じて）平等に扱われる

たとしても出資者（株主）に返済する必要はない。

また、反対にいえば、株主は、会社の債務に対して責任を負わない。たとえ会社が倒産したとしても、株主は、会社の債務返済のために、新たな拠出金を出すなど個人財産を犠牲にしなくてよい。ただ、株主が会社へ出資した株式の対価（株式引受価格）は会社自身の資金であり、もはや株主へは戻ってこないため、その出資額の限度では株主も会社の債務に責任は負う（104条）＊12。さらに、会社の債権者は、会社の財産を通じた間接的な取立しかできず、株主へ直接その債務返済を請求することはできない。このような会社の債務に対する株主の責任を**間接有限責任**という。会社が厳格に出資者とは別個独立した法人格を有して財産分離がなされていることからの帰結といえる＊13。

これにより、出資者は、株主となった後も、会社の経営状況に関わらず、自分の個人財産を確保できるので、安心して株式会社に出資することができる（**図2**）。

図2　間接有限責任

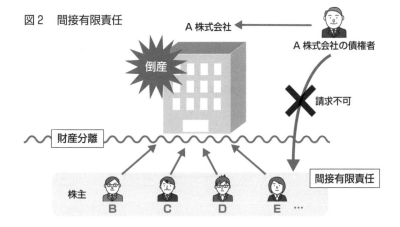

このように、株式会社は、発起人によって定款作成など手続きを経て、株主平等原則や間接有限責任などをはじめとする諸制度を利用しながら出資者である株主を株式発行により集め、会社財産の構築をして、経済活動に適した存在として生み出されていく。

株式会社が自然人と同じように活動するための仕組み──機関と責任

では、生み出された株式会社が活動していくためには、どのような仕組みが必要だろうか。また、会社が組織として動くとき、動かす人間が問題を起こすということはないだろうか、その対応も考えておく必要があろう。以下で、株

式会社が活動するための組織をみてみよう。

●機関とは

会社は、自然人と異なり、肉体をもたない概念的な存在である。会社が、「会社としての」意思を決定したり、決定されたことを実行したりするためには、何が必要だろうか。この点、株式会社は、自然人の脳や手足といった器官（organ）になぞらえて、「機関」という内部的な組織を有する。

「機関」とは、一定の自然人または合議体が決めた意思決定や行為を、それすなわち会社の意思決定や行為と評価される内部の組織のことである。皆さんも聞いたことがあるであろう株主総会・取締役・取締役会・監査役・監査役会などは、いずれも機関の具体例である。株式会社は、その内部に機関を設けることにより、社会で、自然人と同様に活動をすることを可能にする。

さらに、会社法は、各機関に会社の運営に必要な役割を分担させ、相互にチェックする体制をつくる。これにより、権限が特定の機関に集中することを回避して、相互に抑制させ、適法かつ適切な会社運営の実現を目指している。国家機能における三権分立制度のようなものである（図3）。

図3　株式会社の機関構造

なお、一定の場合を除き、どのような機関を設置するかは、各会社の自由に任される（定款自治）*14。ここでは、伝統的な機関構造を念頭に、具体的な機関と各機関の役割をみていこう。

●株主総会──会社の実質的な所有者の合議体

まず、**株主総会**という株式会社の社員（出資者）たる株主の全員によって構成される合議体がある*15。「**所有あるところに支配あり**」という法格言にみられるように、所有者は所有物を使用・収益・処分をする権利を有する（民法206条）。このため、会社の経営は、本来的には、その実質的な共同所有者である株主によって実施されるはずである。しかし、株主は、出資をするのみで間接有限責任しか負わず、経営の知識もないことが多く、さらには人数も多数にのぼ

*14　法定必置機関は、株主総会と取締役である。また、会社の規模が大きい場合や機関構造バランスが求められる場合など一定の要件にあっては、特定の機関が必要となる。会社法326～328条を読んでみよう。また、近年導入されている委員会を設置する会社も調べてみよう。

*15　株主総会の開催手続きは法定されている（会社法295条以下参照）。従前の株主総会は物理的会場があることを前提としていたが（同298条参照、いわゆるリアル株主総会・ハイブリッド（参加・出席）型バーチャル株主総会）、現在は一定の要件を満たした場合には「場所の定めのない株主総会」としてバーチャルオンリーの株主総会までもが認められるようになり（産業競争力強化法参照）、会社法の世界でも電子化・バーチャル化が促進されつつある。

民法206条
所有者は、法令の制限内において、自由にその所有物の使用、収益及び処分をする権利を有する。

り、さまざまな場所に在住する（株主の多数・分散化）。このため、毎日、株主が全員で集って会社の行く末について決定したり、行動したりすることは、現実的に可能ではないし、必ずしも適切な人選ともいえない。

そこで、法は、原則として、経営を株主自らが実施するのではなく、経営の専門家たる業務執行機関に任せることを前提とする。この現象を「所有と経営の分離」とよぶ[16]。そして、株主総会には、原則として法定されている重要事項のみ決定する権限を残している[17]。

●業務執行機関——取締役・取締役会、経営の専門家

次に、所有と経営の分離の帰結として、会社の業務執行は、株主総会で選任される取締役を中心に構成される業務執行機関に委ねられる。具体的には、取締役・取締役会などである。業務執行機関は、その会社の機関の構造全体により、取締役という自然人がなることもあるし（取締役会非設置会社）、3人以上の取締役が取締役会という合議体を構成することもある（取締役会設置会社）[18]。

その職務である業務執行とは、日常用語では経営・運営をさすが、法的には会社の目的たる事業を遂行するために直接・間接に必要な事務を処理することをさす。会社は、その事業に関連して、商品の売買や店舗の賃借のような法律行為もするだろうし、宣伝広告のような行為もするだろう。業務執行機関は、これらすべてを含む事業に必要な行為について、決定と実行をしていく。

●監査機関——監査役

業務執行機関に対して、監査役を中心とする監査機関は、監査（事前の監督と事後の検査）を担う[19]。その監査対象は、一般に取締役の職務執行であり、広く業務全般と会計に及ぶ。監査役は、会社の経営が適正になされることを確保

*16 これに対して、持分会社においては、株式会社と異なり、「所有と経営の一致」（自己機関制）がとられ、原則として社員自らが業務執行をする（590条1項など参照）。

*17 株主総会の権限の範囲は、業務執行機関の構成が合議体か否かによって異なる（会社法295条参照）。

*18 合議体は一般に慎重な判断が可能であることを前提として、株主総会と業務執行機関の権限分配は、取締役会設置会社は取締役会中心主義、取締役会非設置会社は株主総会中心主義がとられる。両者の綱引きについても考えてみよう。

*19 会社内部における他の機関との調整や定款自治によって、監査機関の名称・職務は異なる。

コーポレートガバナンス、コンプライアンス、内部統制システム

近年、「コーポレートガバナンス（Corporate Governance）」「コンプライアンス（Compliance）」という用語がよく使用される。その内容は論者により異なるが、概ね、「コーポレートガバナンス」とは適正な企業統治の在り方を検討することであり（経営の効率性までもとめる見解も多い）、「コンプライアンス」とは法令遵守のことをさす。社会における企業の適法適正な活動を促進・整備するための指針であり、会社経営の監督是正・経営の適正促進のもととなる。

これらの概念は、法における機関設計や取締役等の役員の在り方に影響を与える。たとえば、会社法は、業務執行機関の職務として、取締役の職務執行・損失の危険管理・使用人の職務執行・企業集団における業務・情報管理などに適正性を確保するため、内部統制システム構築義務を明示した（会社法348条3項4号、362条4項6号、施行規則98・100条参照）。業務執行機関がすべての業務を自ら執行することは現実的ではないが、従業員に任せたとしても、最終的にそれらの動きを把握して監視監督できるようなシステムを社内に作ることがもとめられる。

column

し、ときには是正を促すため、事業報告の要請、業務や財産状況の調査、問題が生じた場合は各機関への報告や訴訟の担当などもする。また、グループ企業のように会社が複数結合している場合は、会社を相互に利用した不正隠しも懸念されることから、グループ全体の経営の適正を確保するため、親会社の監査役が子会社に対して監督することもある。

現在の会社法において、経営の適法適正な監査を確保するために、どこの機関がどの範囲で監査を実施するかの検討は、大きな課題である[20]。

●適法な企業活動のために──役員等（取締役）の責任

機関設計は、各機関を相互に監視・監督するなど、その設計自体で、会社が適法適正な活動の実現をめざしているが、そのほかに、会社運営の適法・適正さを確保するために、どのような手段がとれるだろうか。

たとえば、会社の事業に必要な工場を建てようとしたが、取締役が建設場所をよく検討しなかったために、会社に損害が出てしまった。あるいは、工場廃液は浄化してから河川に放出するべきところ、取締役が経費削減をもくろみ、浄化せず違法に廃液を流してしまい、それが原因で近隣住民に健康被害が出てしまった。このような場合、周囲の人は、どのような措置がとれるだろうか。

会社という組織で違法行為が決定・実施されてしまった場合、会社自身はもちろん、やはり、違法な原因行為に関与した自然人も責任をとるべきだろう。とくに、取締役は経営について大きな権限をもち、その行為には適正さが求められる。社内で出世するなどして取締役に就任しても、勝手なことをやってよいわけではないし、漫然と経営してよいわけでもない[21]。会社の事業が円滑にいくように、業務執行という任務を全うしてほしいものである。そこで、取締役の責任を、取締役と会社との関係から、再度考えてみよう。

取締役は、株主総会によって**選任**される（会社法329条）。株主たちが経営を任せるにふさわしいのは誰かを、自ら判断する。株主総会で選任された者は、会社との間で**任用契約**を締結して、会社から業務執行を任され、取締役の地位に就任するのである。

取締役は、業務を執行するにあたって、広い権限と裁量があるといえど、善管注意義務や忠実義務を尽くさなければいけない。**善管注意義務**とは、一定の職業人としての通常の注意能力を有する者が、その場合の事情に応じて当然なすべきと考えられる注意の程度をさす（330条、民法644条）。**忠実義務**とは、法令・定款の定めおよび株主総会の決議を遵守し、会社のために忠実にその職務

*20 指名委員会等設置会社や監査等委員会設置会社など新しい形態の機関構造の新設改正を通じて、モニタリング・モデルも意識され、監督・監査の在り方が模索されている。

*21 経営の健全化のため、社外から登用される社外取締役の活躍も期待される（会社法2条15号、327条の2参照）。

会社法329条
1項 役員（取締役、会計参与及び監査役をいう。〔以下略〕）及び会計監査人は、株主総会の決議によって選任する。

会社法330条
株式会社と役員及び会計監査人との関係は、委任に関する規定に従う。

民法644条
受任者は、委任の本旨に従い、善良な管理者の注意をもって、委任事務を処理する義務を負う。

を遂行する義務を負う（会社法355条）。もちろん、悪い結果が発生したら、何でも責任をとらされるわけではない。取締役の当該状況下での事実認識・意思決定過程に不注意がなければよいのである（経営判断の原則）（**図4**）。

会社法423条

1項 取締役、会計参与、監査役、執行役又は会計監査人（以下この節において「役員等」という。）は、その任務を怠ったときは、株式会社に対し、これによって生じた損害を賠償する責任を負う。

会社法429条

1項 役員等がその職務を行うについて悪意又は重大な過失があったときは、当該役員等は、これによって第三者に生じた損害を賠償する責任を負う。

＊22 株主代表訴訟とは、一定の場合に、株主が会社に代わって、役員等の責任を追及できる訴訟形態のことである。また、グループ企業の監督是正のために、平成26年改正で、最終完全親会社等の株主による特定責任追及の訴え（多重代表訴訟）も導入された。令和元年改正で新設されたD&O保険についても注目される。

図4　業務執行機関と株主総会

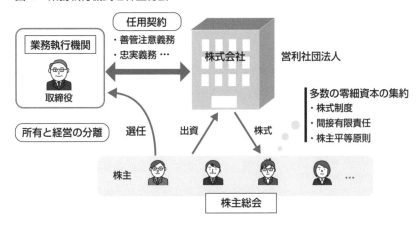

ただ、放漫経営など、もし、取締役がこれらの任務に違反したこと（任務懈怠）により会社に損害が発生した場合、取締役は会社に対して損害賠償責任を負うことになる（取締役の対会社責任：423条など）。

また、取締役が任務を怠ったことにより第三者に損害が発生した場合、取締役は第三者に対しても損害賠償責任を負う（取締役の対第三者責任：429条）。上記の例で、健康被害を受けた第三者は、廃液を流すという業務執行について決定・実行した取締役にも損害賠償を求めることができるのである（**図5**）。

図5　取締役の責任

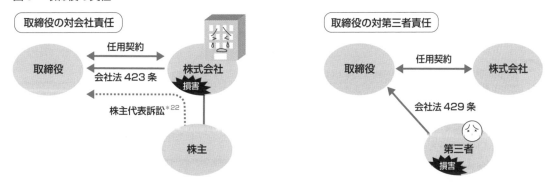

会社は社会の中で広く活動しており、その影響は大きい。会社が適法適切な活動をするための監督・是正方策は、会社法の最大の重要事項である。

次に、株式会社をはじめとする企業が活動していくことを考えてみよう。商的活動（商取引）は、目的が営利という特徴から特別法が関わってくる。

●民法から商法・企業関係法へ

企業取引は、利益を出すため、反復継続して多数にのぼり、それらをこなすために取引内容が定型・同一画一的になる傾向にあり[23]、さらに各取引を簡易迅速に終結させる必要がある。このため、企業法は、民法よりも簡略化して効果を発生させたり、商取引に関わる者の責任を重くしたりすることで、各取引を迅速かつ確実に終了させようとする規律を設けることがある[24]。個人でも、安く買って高く売るような転売目的の取引（投機購買）など、商行為をする場合、商法が適用され得るので、気をつけよう。

●電子商取引と法

近年は、当事者同士が現実に相対して締結する取引ではなく、インターネット空間を通じたイーコマースやネット通販といった電子商取引も増加している。電子商取引は、当事者自らが電子情報を理解しなければいけないし、画面がすぐ切り替わるなど過程が複雑で、間違いが発生しやすい。このため、電子商取引法の分野は、消費者法に加えて、さらなる消費者保護を図る。たとえば、電子消費者契約では、消費者の意思や申込内容を確認するために必要かつ適切な措置を講じることを事業者にもとめるなど、操作ミスのような民法上は消費者に重過失があると評価されるような一定の場合でも民法の規定を適用せず、消費者の意思表示を取消ししやすくして、消費者を救済する[25]。一方で、電子商取引の振興を図り、場合によっては必要書面を従前のように紙で郵送交付す

*23　もちろん１回で多額の利益を出すこともできるだろうが、薄利多売という言葉を思い浮かべてみよう。

*24　たとえば、民事代理・商事代理、民事売買・商事売買、民事保証・商事保証、民事留置権・商事留置権などを題材に、民法におけるルールと商事におけるルールを対比してみよう。2020年債権法改正により、商法と民法が統一されている分野も多くなってきた。

民法85条
この法律において「物」とは、有体物をいう。

民法86条
１項　土地及びその定着物は、不動産とする。
２項　不動産以外の物は、すべて動産とする。

*25　「電子消費者契約に関する民法の特例に関する法律」３条など参照。

ハードローとソフトロー

　企業活動の動きは、経済状況や時勢にあわせて速い。このため、企業活動で生じた新たな問題に対して、法整備が後追いになることがある。また、企業は、その影響力や信用の必要性から、自らが成文法より高度な自主規制を必要と考えることもある。これらから、企業活動に関するルールは、法律をはじめとして国会を通じて成立するルール（ハードロー）とともに、一定の自主規制（ソフトロー）が発達している。

　ソフトローの代表例として、東京証券取引所と金融庁が共同で整備した自主規制であるコーポレートガバナンスコードやスチュワードシップコードがある。各コードや上場規則などのソフトローは、上場会社に対して、会社法よりも厳格に、適正な企業経営を実施できる仕組み（黄金株（拒否権付種類株式）など種類株式の取扱い、社外取締役・独立取締役の設置、投資家の会社運営に対する行動責任など）をもとめている。

*26 そのほかの企業の経済活動に関連する法律を調べてみよう。たとえば、自由競争を確保するための法律には、独禁法（私的独占の禁止及び公正取引の確保に関する法律）がある。

る代わりに、電子メールなどでの送付でよいとするなど、規制緩和もされている（IT書面一括法など）。また、公正な自由競争や取引を確保したり電子空間での法益を保護するため、**不正競争防止法**や**不正アクセス禁止法**などもあわせ、現代取引に適した法制度が模索されている[26]。

課 題

この章のテーマをさらに深めるために

●新たな資金調達のために新株を発行するとき、ある特定の投資家にのみ新株を引き受けてもらった場合、どのようなことが起きるだろうか。新株発行前と発行後の持株比率への影響を考えてみよう。敵対的買収とそれに対する買収防衛策としてなされた新株発行が問題とされた事例を調べてみよう。

●「社長」とは何だろう。取締役に加えて、代表取締役（代表機関、会社法349条など）について調べて、業務執行機関との関係を考えてみよう。

●取締役の対会社責任および対第三者責任を、民法における債務不履行責任や不法行為責任と比較してみよう。

●企業に関連する刑罰について考えてみよう。企業の経営者が逮捕されるニュースを見たことがあるだろうか。会社法の罰則や、商取引において生じやすい「なりすまし犯罪」に対応する預金者保護法などを調べてみよう。

なるほどね。まずは、どの企業形態にするか決めて、出資と人・組織作りをしなきゃいけないってことだな。

翔が社長になったら、やりたいことを実現する権限が持てる代わりに、義務と責任も果たさないといけなくなるってことだけど……できそう？

もちろん！ ノゾムもサポートしてくれるだろ？

第11章

バイトも正社員も労働者

労働法

このあいだサークルの先輩に会ったら、「やっと内定が出たから就活は終わり」ですって。第一希望の会社は最終面接までいって落とされてショックだったけど、第二希望の会社に入れたから良かったって言ってました。

へぇ、そうなんだ。かなえさんは行きたい職種とかあるの？

私は出版関係がいいなぁって思ってます。本とか小説が好きだから。でも、狭き門らしくて、募集も少ないし、なかなか内定も出ないらしいんです。

うわあ、たいへんそうだな。ぼくの父親のときなんて、バブルの時代で、内定がいっぱい出て困ったって言ってたなぁ。でもさ、「内定」って一体なんなんだろう？

絶対雇うっていう約束みたいな感じですかね？でも、約束は破られることもありますよね？取り消されることはないんでしょうか？

そういえば、新聞に「内定取消し」っていう話がのってたな……。あとさぁ、派遣社員とか契約社員とかってあるじゃん？ ぼく、昨日、広告代理店のバイト募集見て面接に行ったんだ。みんなスーツ着てるから、ぼくから見たら誰がどんな社員か区別がつかないよ。

今回の講義は
前田美千代先生
民法、消費者法担当

● 労働法の主役は誰か？

● 新卒の就活にはどんな法律問題が隠れているの？

● バイト中にケガしたら、治療費は払ってもらえるの？

● 正社員と非正社員——区別が不当となる場合

労働法

●労働法の主役——労働者・使用者・労働組合

労働に関係する法律をまとめて、労働法とよぶ（「労働法」という名前の法律があるわけではない）[*1]。労働法の主役として登場するのは、「**労働者**」および「**使用者**」である（もう1人の主役として「**労働組合**」もある）。どのような場合に「労働者」に該当するかは、労働基準法9条が定めている。たとえば仕事中にケガをしたとき、「労働者」であれば、労災保険法が適用され、労災補償給付が出る。しかし、「労働者」でなければ、労災保険法は適用されない。労働基準法9条をみると、「労働者」概念の決め手は、「**労働者が使用者の指揮命令に服して労働すること**」である。たとえば、俳優やプロスポーツ選手などは、仕事を遂行する過程で拘束性が低く、個人の能力と責任で事業を行っているので、直ちに労働者とはいえない。このように、客観的に労働していても、法律上の「労働者」に該当しない場合がある[*2]。

●就活と内定——労働契約の成立プロセス

自分にはどんな仕事が向いているだろうか。大学の就職課には、求人票がたくさん張り出してある。先輩の話も聞いて、エントリーシートの書き方や面接の臨み方など情報収集しよう。エントリーシートや面接は、見ず知らずの他人である人事担当者に自分をアピールする手段である。

労働者と使用者の間の雇用関係は、労働契約の締結によって成立する。労働契約の締結とは、労働者（求職者）の側からみれば、企業への就職であり、使用者（求人者）の側からみれば、労働者の採用のことである。

求職・求人（募集）の方法として、新聞広告、就職情報誌、公共職業安定所（ハローワーク）などが利用されている。新卒（新規学卒者）の採用では、大学の就職課やインターネットを通じた募集が行われている。募集方法は原則と

[*1] さらに、それらを経済取引に関する法律などとグループにして「社会法」とよぶこともある。

労働基準法9条
この法律で「労働者」とは、職業の種類を問わず、事業又は事務所（以下「事業」という。）に使用される者で、賃金を支払われる者をいう。

[*2] 東京都労働委員会命令令和4年11月25日は、ウーバーイーツの配達パートナーの労組法上の労働者性を肯定した。デジタルプラットフォームを通じて働く就業者の労組法上の労働者性にかかる、行政、司法を通じた最初の判断事例である。本命令では、ウーバーとしては、マッチング成立に向け適切な配達業務が提供されるよう様々に関与していることを指摘して、プラットフォーム事業者のこうした関与が、労務供給関係（ウーバーが就業者の労働力を利用していること）を判断する1つの重要な要素とした。

＊3　内内定（ないないてい）とは、法律上の用語ではなく、就職（採用）活動の中の慣行で使われている言葉である。「ウチに来てね」と言われて握手をしたり、簡単な書類にサインをしたりすることが多い。

して自由であるが、他人に募集を委託（いたく）するときは、その他人に支払う報酬の額も含め、厚生労働大臣の許可が必要である（職業安定法36条）。

労働契約の締結のプロセスについて、具体的に新卒者の定期採用を例に考えてみよう。その前提として、そもそも契約はどのようなプロセスを経て成立するのか覚えているだろうか。第2章で勉強したことを思い出そう。**申込みの意思表示と承諾の意思表示の合致により、契約は成立する。**

企業は、新卒採用の会社説明会を通じて、求人・募集を行う。企業の求人票に明示された業務内容、賃金、労働時間その他の労働条件を見て、学生はエントリーシートを提出する。⇨ コラム 労働条件の明示

その後、採用試験や面接を経て、採用内内定＊3（ないないてい）をもらい、さらに採用内定をもらう。それから卒業までの間に、誓約書（せいやくしょ）を提出したり、会社研修を行ったりする。晴れて正式に入社するのは、入社式の行われる4月1日であり、入社してからも通常は3か月の試用期間があって、それをクリアした後の「本採用」によりはじめて一人前の正社員となる。

こうしてみると、会社説明会に行った日から本採用の日まで、約1年〜1年半かかる計算になる。もし企業の業績悪化などで内定を取り消されたらどうなるのだろうか？　本採用を拒否されたらどうすればいいのだろうか？　これらの問題を考えるためには、この1年〜1年半の間のどこで、労働契約が成立しているのかが問題となる。いつどちらが申込みの意思表示をしたのだろうか。どれが承諾の意思表示となるのだろうか。

もし、「本採用」の時点で、企業による承諾の意思表示がなされ、ようやく労働契約が成立するとしたら、それまで学生は気が気でなく夜も眠れない。なぜなら、いったん契約が成立すれば、契約には拘束力があるから、企業も一方

労働条件の明示──労働契約法の成立

　2008年3月1日から施行された労働契約法は、労働者が従業員として企業の一歯車となって企業に組み込まれるのではなく、使用者と労働者が対等の立場において、合意に基づき労働契約を締結・変更することを規定する。また、この合意原則・労使対等原則を基礎として、労働契約の内容は、合理的で周知性のある就業規則により定められる労働条件によるものとする。こうして、職業安定法5条の3により求人者に課された募集に際

しての業務内容、賃金、労働時間その他の労働条件の明示義務ならびに労働基準法15条に規定された使用者による労働条件の明示義務は、使用者と労働者の合意に向けた第1ステップであるとともに、さらに使用者は、労働契約の内容＝就業規則の内容の理解を促進するための積極的な説明義務・情報提供義務を負うと考えられる（労働契約法4条）。

column

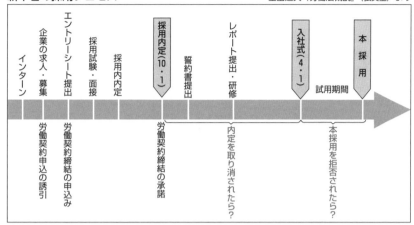

新卒者の採用プロセス　　　　　土田道夫『労働法概説』（弘文堂）より

的にやっぱり契約はやめるというわけにはいかないが、契約がまだ成立していなければ、契約上の権利義務はいまだ発生しておらず、企業としても拘束される理由はないから、明日にでも内定はやっぱり取り消しますということになってしまうからである。労働契約でも売買契約でも、いったん締結した契約をやっぱりやめたくなったのなら、相手方と交渉して合意解除する（合意してやめる）しかない。相手方が合意解除に応じてくれないのに、契約上の義務を自分の判断で勝手に履行しなければ、債務不履行となり、損害賠償などの契約上の責任を負うことになってしまう。これは裏を返せば、契約が成立していなければ、このような契約上の重たい責任は原則として一切存在しないというわけである。

　まず、会社説明会などを通じてなされる企業の求人・募集は、労働契約の申込みの誘引と考えられている。それに対して学生が行うエントリーシートの提出こそが、労働契約締結の申込みの意思表示であり、そして採用内定が、労働契約の承諾の意思表示である。

　申込みと申込みの誘引の違いについて説明しよう。申込みの場合、一定の期間は撤回できない上（民法523条・525条）、承諾があればそこで契約が成立する。これに対して、申込みの誘引の場合は、その撤回も自由であり、承諾がなされれば直ちに契約を成立させる効力（承諾適格という）もない。もし、企業の求人・募集を申込みと解し、エントリーシートの提出を承諾と解してしまうと、エントリーシートを出してきた学生全員と労働契約が成立してしまい、企業は全員を雇い入れなければいけなくなってしまう。

　以上より、労働契約は、企業による承諾の意思表示である採用内定の通知に

民法523条

1項　承諾の期間を定めてした契約の申込みは、撤回することができない。ただし、申込者が撤回をする権利を留保したときは、この限りでない。

2項　申込者が前項の申込みに対して同項の期間内に承諾の通知を受けなかったときは、その申込みは、その効力を失う。

民法525条

1項　承諾の期間を定めないで隔地者に対してした申込みは、申込者が承諾の通知を受けるのに相当な期間を経過するまでは、撤回することができない。ただし、申込者が撤回をする権利を留保したときは、この限りでない。

（2項、3項省略）

*4 インターンの期間は、「汎用的能力活用型」が5日間以上、「専門活用型」は2週間以上で、その半分以上を職場などでの就業体験にあてなければならない。職場の社員が学生を指導し、インターン終了後にフィードバックすることも条件となっている。

より成立する。判例も、内定について解約権留保付労働契約成立説を支持している（大日本印刷事件〔最判昭和54年7月20日民集33巻5号582頁〕）。したがって、それ以降の内定の取消しは、すでに成立した労働契約の解約となるので、解雇権濫用規制（労働契約法16条）の類推によって合理的理由を必要とする。また、内定者も、労働契約上の地位（従業員たる地位）の確認という強力な救済を得ることができる。以上の理解は、採用過程の実情に即しているとともに、採用内定が企業のニーズを反映した制度であるという実質的な観点からも、採用内定通知以後は、学生ではなく企業の側に労働契約成立のリスクを負わせているのである。

以上の考え方によれば、採用内内定は、企業が事務処理的に行う事実上の行為にとどまるため、何らの法的効果も発生しないと考えてよい。したがって、内内定の時点では学生としてもまだ安心できないし、また、内内定を辞退することも同じく事実上の行為にとどまり何ら問題ない。逆に、内定を辞退する場合は、労働契約が成立しているので、労働契約の解約にあたる。この点、使用者の解雇権は労働者保護の見地からさまざまな制約に服するが、労働者による解約は自由である（退職の自由）。2週間の予告期間を置く限り法的責任は生じない（民法627条1項）。⇨ **コラム** 職場におけるパワハラ・マタハラ

● **就活が変わる！——採用直結インターン**

2025年卒の就活から、職場体験などの条件を満たすインターンシップ（就業体験）に参加した学生の情報を、採用選考に利用することができるようになる*4。これまでの就活ルールでは、学業がおろそかになるとの理由で、インターンを採用に直結させることは禁止されていた。しかし、欧米では長期のインターンに参加した学生を採用することが一般的で、学生と企業のミスマッチ防止にもなる。今後は「3年生の夏インターンで就活スタート」が公認される。

● **アルバイト・パート**

バイトを探すときは、アルバイト情報誌を見て応募することもあるし、昼食をとりに行った大学近くのラーメン屋で、たまたま「バイト募集」の張り紙を目にして応募することもある。バイトの場合の労働契約の成立プロセスでは、新卒採用の場合と違って通常は「内定」というプロセスがない。ラーメン屋の店主が出す「バイト募集」の張り紙が、労働契約の申込みの誘引であり、それに対して学生が申込みをして、店主が「コイツはしっかりやってくれそうだ」と思って承諾すれば、労働契約が成立する。

アルバイトであっても、労働者が使用者の指揮命令に服して労働する限り、法律上の「労働者」である。そして「労働者」である以上、諸々の労働法規の適用を受ける。アルバイトやパートは、正社員と違って各種労働法規の適用を受けられず、たとえば労災保険法の適用もないと思っている人が結構いるが、それは間違いであるから注意しよう。

非正社員のなかには、バイト君やパートさんのほか、契約社員や派遣社員、日雇いなどさまざまな雇用形態で働く労働者が含まれる。正社員（典型雇用）と非正社員（非典型雇用）の大きな違いとして、正社員の労働契約は、期間の定めのない契約であるのに対し、非正社員の場合は、期間の定めのある契約であることが多い。バイトといっても、1日だけのバイトや冬休みだけのスキー場でのバイトなどもあるし、たしかに、契約社員や日雇いなどの労働契約は、一定の期間の定めのある契約である。企業にとっても、正社員の解雇は難しいが、契約社員などは、期間の定めがある契約なので、その契約期間が終了すれば雇用を終了させることができ、また、労働需要が続くのであれば、期間雇用を更新し続けて雇用を継続することもできる。過去に反復更新された有期労

期労働契約の契約期間が満了する日までの間に、当該満了する日の翌日から労務が提供される期間の定めのない労働契約の締結の申込みをしたときは、使用者は当該申込みを承諾したものとみなす。この場合において、当該申込みに係る期間の定めのない労働契約の内容である労働条件は、現に締結している有期労働契約の内容である労働条件（契約期間を除く。）と同一の労働条件（当該労働条件（契約期間を除く。）について別段の定めがある部分を除く。）とする。

職場におけるパワハラ・マタハラ

職場のパワハラ（パワー・ハラスメント）とは、同じ職場で働く者に対して、職務上の地位や人間関係などの職場内での優位性を背景に、業務の適正な範囲を超えて、精神的・身体的苦痛を与える、または職場環境を悪化させる行為をいう。上司と部下といった職務上の地位に限らず、専門知識や経験などに応じ、先輩・後輩間や同僚間、正社員と派遣社員の間などでも生じる。

パワハラが認定されると、加害者は民法709条の不法行為責任（被害者への損害賠償義務）を負うほか、社内における懲戒処分の対象となり得る。企業も715条の使用者責任（被害者への損害賠償義務）や安全配慮義務（職場環境調整義務）違反を問われる。労災認定においてもパワハラの規点が盛り込まれている。裁判例では、従業員が上司のいじめ等によりうつ病を発症したり自殺した事例で、業務と精神疾患（うつ病発症）、そして自殺との間に相当因果関係を認め、加害従業員と会社の双方に損害賠償を命じたケースもある。パワハラ問題が発生すると企業イメージの低下は避けられず、企業としてもCSR（企業の社会的責任）の一環として、パワハラに対し断固とした態度を示す方針を社内で明確化しつつ、相談窓口の設置や社員研修など体制整備が求められる。なお、事業者が労働者の心理的負担の程度を把握するため、2015年施行の改正労働安全衛生法から、ストレスチェック制度が義務付けられた。

女性労働者の妊娠・出産・育休などを理由とする解雇・雇止め・降格などの不利益取扱いをマタハラ（マタニティ・ハラスメント）という。男女雇用機会均等法9条3項および育児・介護休業法10条はこのような不利益取扱いを明文で禁止する。最高裁は、妊娠中の軽易業務への転換を契機として降格させる措置は、原則として男女雇用機会均等法9条3項の禁止する不利益取扱いにあたるとしている〔最判平成26年10月23日民集68巻8号1270頁〕。

2022年4月施行の改正労働施策総合推進法（パワハラ防止法）では、2020年から大企業で義務化されているパワハラ防止措置が中小企業でも義務化された。

column

働契約の雇止め（東芝柳町工場事件〔最判昭和49年7月22日民集28巻5号927頁〕）や、契約更新に対する労働者の期待に合理的理由がある場合の雇止め（日立メディコ事件〔最判昭和61年12月4日判時1221号134頁、判タ629号117頁〕）は、無効となる（労働契約法19条）。⇨コラム 働き方改革関連法による労働契約法改正

以上に対し、アルバイトであっても期間の定めのない契約を締結していることも多くあろうが、その場合には、正社員と同様の解雇規制が適用される。

● 働き方改革関連法──70年ぶりの大改革

働き方改革関連法とは、正式名称を「働き方改革を推進するための関係法律の整備に関する法律」といい、労働法分野の8つの法律[*5]の改正を行うための法律であり、2019年4月より順次適用が開始されている。この法律による改革のポイントは、①残業時間の罰則付き上限規制[*6]、②年5日の年次有給休暇取得義務[*7]、③勤務間インターバル制度の導入促進[*8]、④月60時間を超える残業につき割増賃金率引上げ徹底[*9]、⑤労働時間の客観的把握義務[*10]、⑥産業医・産業保健機能の強化[*11]、⑦同一労働・同一賃金の原則の明文化（後述）、⑧高度プロフェッショナル制度の創設[*12]、⑨フレックスタイム制の拡充[*13]である。

● 雇用形態にかかわらない公正な待遇の確保

パートやアルバイトといった短時間労働者および有期雇用労働者に適用される法律が、「短時間労働者および有期雇用労働者の雇用管理の改善等に関する法律」（パートタイム・有期雇用労働法）という特別法である。この法律の2条によれば、「短時間労働者」（パートタイム労働者）とは、1週間の所定労働時間が同一事業所の通常の労働者（正社員）のそれに比べて短い労働者をいう。また、「有期雇用労働者」とは、事業主と期間の定めのある労働契約を締結し

*5 8つの法律とは、労働基準法、労働安全衛生法、労働時間等の設定の改善に関する特別措置法、じん肺法、雇用対策法、労働契約法、短時間労働者の雇用管理の改善等に関する法律、労働者派遣事業の適正な運営の確保及び派遣労働者の保護等に関する法律を指す。

*6 1947年制定の労働基準法を70年ぶりに大改革し、労働者の過労死等を防ぐため、繁忙期を含めて労働時間の上限が設けられ、違反に対して刑事罰が適用される。

*7 労働者から使用者に対して有給取得の希望申出がしにくい状況があり、日本の年休取得率は51％程度にとどまっていたため、使用者に5日の有給休暇を取得させる義務を負わせた。

*8 1日の勤務終了後から翌日の出勤まで11時間の休息時間を確保するための努力義務。

*9 月60時間を超える残業に対する割増賃金の割増率は、現在、中小企業は25％だが、改正後は大企業・中小企業問わずすべて50％。

働き方改革関連法による労働契約法改正

130頁のコラムで紹介した労働契約法が2012年に改正され、有期労働契約についての3つの新ルールが定められた。①有期労働契約が反復更新され通算5年を超えたときは、労働者の申込みにより、無期労働契約への転換（18条）、②本文で述べた最高裁判例で確立された「雇止め法理」の明文化（19条）、③有期労働契約であることによる不合理な労働条件の禁止（20条）であった。①については、6か月のクーリング期間を空ければ以前の契約期間は通算されない。③については、特に通勤手当、食堂利用、安全管理などに相違があると不合理と判断されるというものであったが、2018年働き方改革関連法による労働契約法改正（2020年4月施行）により労働契約法20条は削除され、正社員と有期契約社員との格差の禁止については、パートタイム・有期雇用労働法8条に移管・集約されることになった。

column

ている労働者をいう。したがって、勤め先の呼称により、「パート」「アルバイト」「嘱託職員」「準社員」「契約社員」などのいずれの呼び名であろうとも、正社員以外の労働者で、週の所定労働時間が正社員より短かったり、有期労働契約を締結していれば、パートタイム・有期雇用労働法が適用される労働者である。パートタイム労働者や有期雇用労働者は、正社員に比べて簡易な手続きで雇用されることが多いため、労働条件をめぐるトラブルがよく起こる。そのため、パートタイム労働法では、採用時の労働条件の明示義務について、労働基準法15条所定の義務に加えて、昇給の有無や退職手当・賞与の有無についても、文書交付などの方法で明示することを義務づけている（パートタイム・有期雇用労働法6条1項）。

さて、「パート」「アルバイト」「嘱託社員」「準社員」「契約社員」のなかには、実質的にみると正社員と異ならない条件で就労しているのに、時給制でボーナスや退職金もない労働者もおり、賃金・待遇格差が問題となっていた。そこで、2007年の旧パートタイム労働法改正により「差別的取扱いの禁止」が盛り込まれ、さらに2014年改正により内容の充実が図られた。これにより**パートタイム労働者の待遇の原則**とともに（同法旧8条）、**差別的取扱いの禁止**が定められた（同法旧9条）。

大企業には2020年4月から、中小企業には2021年4月から施行された改正「パートタイム・有期雇用労働法」では、8条において、「基本給、賞与その他の待遇のそれぞれについて」とあるように具体例を挙げつつ個々の労働条件ごとに、かつ、「当該待遇の性質及び当該待遇を行う目的に照らして適切と認められるものを考慮して」とあるように個々の労働条件の性質・目的を指標として判断する枠組みの下で、正社員と非正社員との間の不合理と認められる待遇差を設けてはならないとする**均衡原則**が定められた。これにより、賃金総額が正社員の〇割だから問題がないというような大雑把な判断ではなく、個々の待遇ごとに当該待遇の性質・目的に照らして8条違反が判断されることになり、手当こと、企業ごとに結論が異なり得る。続く9条では、①職務の内容と②職務の内容・配置の変更の範囲が通常の労働者（正社員）と同じパートタイム労働者及び有期労働者については、雇用形態を理由に、基本給、賞与その他の待遇について差別的取扱いをしてはならない、つまり、正社員と同じ待遇としなければならないとする**均等原則**が定められた（同一労働・同一賃金の原則）。たとえば、有期だからという理由で正社員には支給している賞与を支給

しないとか、正社員よりも低額とすることは9条違反となる。

8条や9条に違反する待遇については無効となり、不法行為に基づく損害賠償の対象となる。また、労働契約法20条時代は行政の助言、指導、勧告の対象ではなかったが、パートタイム・有期雇用労働法に組み込まれたことにより、これらの対象となった（134頁コラム参照）。

なお、**パートタイム・有期労働者から正社員（通常の労働者）へ転換するチャンスを確保することが事業主に義務づけられている**（同法13条）*14。旧法2014年改正以降、パートタイム・有期労働者の雇入れ時およびパートタイム・有期労働者から説明を求められたときに、賃金制度や教育訓練、福利厚生施設に加え、正社員転換推進措置についての事業主の説明義務が追加された（同法14条）。また、パートタイム・有期労働者の相談に対応するための事業主の体制整備義務も2014年改正で新設されたものである（同法16条）。

●派遣社員

派遣社員とは、派遣会社（派遣元）から派遣先の企業に送り込まれて、派遣先企業の指揮命令を受けて働く派遣労働者のことである。派遣先企業に直接雇用されている正社員ではない。したがって、景気の悪化などで派遣先企業の労働需要が減れば、派遣先企業は派遣契約の打ち切りという形でただちに雇用を終了させるという問題が生じた。派遣先企業の提供していた寮に住んでいたような場合には、一度に職も住居も失うことになる。

2018年働き方改革関連法により2020年4月1日から事業規模にかかわらず一斉に施行された改正労働者派遣法により、①不合理な待遇の禁止（30条の3）、②差別的取扱いの禁止（30条の3第2項）が定められた。これにより、パートタイム・有期雇用労働法と同様、派遣労働者に関しても派遣先に雇用される通常の労働者との均等（差別的な取扱いをしないこと）・均衡（不合理な待遇差を禁止すること）待遇が義務づけられる。直接雇用であるパートタイム・有期労働者と異なり、間接雇用である派遣労働では派遣元・派遣先・派遣労働者という三者間関係の中で、均等・均衡待遇を実現していかなければならない*15。

⇨ **コラム** 労働者派遣法

*14　①正社員を募集するときにパートタイマー・有期労働者に周知し、②正社員を新たに配置する場合は、配置の希望を申し出る機会をパートタイマー・有期労働者に付与し、③パートタイマー・有期労働者を対象とする正社員転換制度を設けなければならない。

*15　そこで、派遣元が派遣労働者の賃金を決定するための方法として、派遣先均等・均衡方式（30条の3）と労使協定方式（30条の4）が定められ、いずれか1つを選択しなければならない。そして、派遣先均等・均衡方式を採るためには、派遣先の賃金体系を派遣元が知る必要があるため、派遣先から派遣元への賃金に関する情報提供義務が新設された（26条7項）。これに違反する派遣先とは、派遣元は労働者派遣契約を締結してはならない（26条9項）。一方で、労使協定方式を採る場合には、一般の労働者の平均的な賃金と比較して同等以上の賃金になるようにしなければならない（30条の3第2項）。

男女平等・男女共同参画社会

男女の平等は、憲法14条、24条および44条で保障されている。ここでいう男女平等は、すべての人の属性などを無視して絶対的に同じに扱う絶対的平等

憲法14条
1項 すべて国民は、法の下に平等であつて、人種、信条、性別、社会的身分又は門地により、政治的、経済的又は社会的関係において、差別されない。

憲法24条
1項 婚姻は、両性の合意のみに基いて成立し、夫婦が同等の権利を有することを基本として、相互の協力により、維持されなければならない。
2項 配偶者の選択、財産権、相続、住居の選定、離婚並びに婚姻及び家族に関するその他の事項に関しては、法律は、個人の尊厳と両性の本質的平等に立脚して、制定されなければならない。

ではなく、「等しきものは等しく、異なるものは異なるように」扱う相対的平等であると考えられている。

男女間で明らかに異なる点として、女性のみが妊娠・出産可能であるという生物学的な差（＝性差）を挙げることができる。これを前提に、女性の特性や役割が男性とは異なると考えられ、男女に対する異なる扱いも合理的とされてきた（機能的平等論）。かつては、労働基準法で、働く女性について、時間外労働や休日労働が制限され、深夜労働や危険有害業務が禁止され、男性労働者にはない保護規定が存在した。これも、機能的平等論の考え方のもとで、働く女性が家庭責任を果たせるように配慮されたものであった。

しかし、妊娠・出産を行うのは女性に限られるとしても、家庭責任を果たすのも女性に限られるのだろうか。男性が家庭責任を果たす場合もあるだろう。第5章（家族法）で勉強したように、家庭責任は男女がともに担うものである。つまり、女性の特性であるとか、男性の役割であると考えられてきたことも、そういうものとして気がつかないうちに社会的に形成され強制されてきたものであり、合理的根拠のないことが明らかになってきている。たとえば、男の

労働者派遣法（労働者派遣事業の適正な運営の確保及び派遣労働者の保護等に関する法律）

職業安定法44条は、人身売買や中間搾取（いわゆるピンハネ）の弊害を排除するため、労働組合などを除いて、労働者供給事業を禁止している。労働者派遣事業は、この例外にあたり、派遣労働者は、派遣元が派遣した別の会社である派遣先で、派遣先の指揮命令を受けて働く。1985年の労働者派遣法制定当時は、派遣労働が恒常的労働にならないよう派遣可能業務も限られていたが、法改正を経て、現在では、一部の適用除外業務を除き、さまざまな業務への派遣が可能となっている。そのため、労働者派遣法の重要な課題は、派遣労働者の雇用の安定を図るためのルール作りであるといえよう。

2018年働き方改革関連法による2020年4月1日施行の改正労働者派遣法では、本文で述べた均等・均衡待遇の義務化に加えて、雇入・派遣時の説明義務が強化され、とくに雇入時の説明の際には、パートタイム・有期労働者では要求されない「文書の交付等」が義務づけられ（31条の2第2項）、派遣時も同様である（同第3項）。また、派遣労働者からの求めがあった場合の待遇に関する

説明義務も強化され（31条の2第4項）、この点はパートタイム・有期雇用労働法も同様である。こうした説明義務の強化と連動して、説明を求めた派遣労働者の地位が危ぶまれることのないよう、解雇その他の不利益取扱いをしてはならないとの明文が新設された（31条の2第5項）。また、派遣先が派遣労働者に対して講ずべき措置として、先の2015年改正で設けられた、教育訓練の実施（40条2項）や福利厚生施設の利用機会付与（40条3項）について「配慮義務」から「義務」へと格上げした。本文で述べた待遇に関する派遣先企業の情報提供義務違反、派遣先企業での教育訓練の実施違反、福利厚生施設の利用機会の提供に違反した場合は、是正措置を講じるよう勧告の対象となるとともに、これに従わない場合には当該企業名を公表されることになっている（49条の2）。紛争が生じた場合に備え、行政による事業主への指導・助言（47条の6）ならびに裁判外紛争解決手続（行政ADR）の整備（47条の7）が図られており、パートタイム・有期雇用労働法も同様である。

column

*16 さらに、育休は連続した１回の取得が原則であるが、父親が産後８週間以内に育休を取得した場合には、全体で１年を超えない範囲でその再取得が可能となった。妻が専業主婦であっても、すべての父親が必要に応じて育休を取得できる。これは、取得率の低い男性の育休取得を促すのみならず、産後８週間は母体回復のため妻に代わって育児をする期間として、また再取得後は交代で育児する期間として、すべての父親の育児参加を促すものである。

*17 また未就学児を養育する労働者には育児の目的で取得できる休暇制度を設ける努力義務が創設された。たとえば入園式や運動会などのために使える休暇制度の導入が求められる。

*18 2022年４月から、育児休業等の対象者への個別意向確認の義務化、有期雇用労働者の育児・介護休業取得要件緩和、2022年10月から、出産直後の柔軟な育児休業取得（通常の育休と別に出生後８週間以内に４週間まで育休取得可）、育児休業の分割取得（子が１歳までの育休について２回まで分割取得可）、2023年４月から、大企業における育児休業取得状況の公表義務化が施行される。

子には青色のものが、女の子には赤色のものが選択の余地なく与えられるなどするうちに、赤色が女の子の色として合理的根拠なく認識されてしまうのと同じように、「女だから」家庭責任を果たすと無意識的に考えられるようになっているのではないか。このような意味での性差は、生物学的なものではなく、社会的・文化的性差であり、ジェンダーとよばれる。

　1979年に採択された国連の**女性差別撤廃条約**では、男女の妊娠・出産といった生物学的な差以外の差異に基づいて男女に異なる扱いをすることを差別であるとした。日本でも、「**男女雇用機会均等法**」の成立や、労働基準法の改正を通じて、女性の労働保護が大幅に見直され、時間外・休日労働、深夜業の規制といった女性保護規定は、母性保護を除きほとんど廃止された。さらに、1999年に成立した「**男女共同参画社会基本法**」の３条では、「男女共同参画社会の形成は、男女の個人としての尊厳が重んぜられること、男女が性別による差別的取扱いを受けないこと、男女が個人として能力を発揮する機会が確保されることその他男女の人権が尊重されることを旨として、行わなければならない」と定め、国や地方公共団体に男女共同参画社会の形成を促進するための積極的施策をとることを求めている。すなわち、男性も女性も、性別にとらわれることなく、各人の個性や能力を発揮でき、均等に政治的・経済的・社会的および文化的利益を享受し、かつ、共に責任を担うべき社会のための改革が、国・地方自治体および個人のレベルで必要とされている。

　育児・介護休業法の2008年改正により、夫婦で育児休業を取得する場合は、休業期間を２か月延長でき、子が１歳２か月になるまで育児休業可能となった。１年２か月の間、父母は同時または交代で育休を取得できる[16]。

　2017年改正では、最長２歳まで育児休業期間を延長できるようになった[17]。また、2021年改正育児・介護休業法が2022年４月１日から段階的に施行される[18]。

課　題

この章のテーマをさらに
深めるために

●さまざまな企業が CSR 活動の一環としてウェブサイトなどでパワハラ・マタハラ防止策を公表している。自分が興味のある企業や団体の取り組みを確認してみよう。また、女性労働者が働きやすい職場環境整備についてもチェックしてみよう。

●正社員と有期労働者の間の不合理な相違を禁止していた労働契約法旧20条に関する、ハマキョウレックス事件と長澤運輸事件（ともに平成30年6月1日最高裁判決）について調べてみよう。

SDGs と日本

国連と国際法

希望(のぞむ)くんと 翔(かける)くんはバイト先のコンビニで売れ残りを捨てている。仕事とはいえ、なんとなく表情がすっきりしない。

最近、地球環境問題ってよく聞くけど、コンビニのバイトしてると自分が環境に悪いことしてる気分になるんだ。

ああ、この店だけでこれだけゴミが出るんだから、日本全国ではどれくらいになるんだろう。

日本だけじゃなく、世界ではどうなるんだろうとか、未来はどうなるんだろうとか、考え始めるときりがないよ。今この瞬間だって、アフリカでは餓死する子どもたちがいるっていうし。

そういえば、前にテレビで環境とか貧困とかの SDGs ってやってたな。地球全体につながる問題は日本だけのルールじゃ足りないんじゃないの？

地球環境問題の国際的なルールをつくっているって聞いたことがあるけど、どうなってるんだろう。

そういうのも法学で教わってこいよ。

今回の講義は
尹　仁河先生
国際法担当

139

POINT

第12章のポイント

●国際法とは——条約と国際慣習法

●国連（国際連合）総会決議と国連安全保障理事会決議

●国内法と国際法の関係

●国際環境法の特徴

●SDGs（持続可能な開発目標）とは

国際法とは国際社会のルール

前の章までは国内法である民法、労働法、会社法、刑法、憲法を学んできた。これら国内法は国内社会を対象としている。この章では世界に目を広げ[*1]、国際社会を対象としたルール「国際法」について学んでみたい。国際法は、主として国と国の関係を規律する法、国際社会の法秩序を形成する規範、といわれる。

●国際法の主体

まずは国際法の舞台に登場する国、国際機構、個人（国際法により定められた権利・義務の担い手＝国際法主体という）をそれぞれみていこう。

●国

国際関係で「国」と認められるのは、①永久的人民、②明確な領域、③政府、④他国と関係を取り結ぶ能力を備えたものである。国であれば、主権＝独立かつ最高の統治権（対外主権・領域主権）をもつ。国は、他のいかなる国からも支配・命令を受けず、その領域内のすべての人、物、行為に対して排他的に統治を行うことができる。

国際法の基本原則は「国の平等」である（国連憲章2条1項）。国際法の定立に関しては、大国であれ小国であれ一国一票をもち平等である[*2]。

「国の平等」から導かれる原則が「国内問題不干渉」である。国内問題とは、国が自由に処理・決定できる事項（国内管轄事項）をいい、国家主権の効果として、各国は国際法に違反しない限りその内政および外交関係を自由に処理することができる。他国はそれに干渉しない義務を負う。次の章で見る「人権」はかつては国内問題とされていたが、現在は国際関心事項である。

●国際機構

国際機構は政府間機構を指し、各機構の設立文書（機構に加盟する諸国が締結

*1 昨今世界のニュースでたびたび「テロ」を目にする。実行者、行為地、被害者、対象国、テロ組織の拠点などが複数国に広がる場合に国際テロリズムと呼ばれる。一般市民に無差別かつ大規模な危害を加えるテロは、宗教などの大義名分をかかげて深刻化しているが、包括的にテロを禁止する条約はその定義をめぐり難航して実現していない。テロの手段となる個別の行為（ハイジャック、人質など）を禁止する条約はできている。

*2 ただ、国際関係の現実を反映し、国の能力と責任の大きさに比例して権限を配分する場合もある。国連安全保障理事会（安保理）の常任理事国（拒否権をもつ）、IMF（国際通貨基金）における出資金に応じた加重投票制がその例である。

＊3　COVID-19で注目を集めた世界保健機関（World Health Organization：WHO）は、「全ての人々が可能な最高の健康水準に到達すること」を目的として、世界保健憲章（1948年4月7日発効）によって設立された国連の専門機関である。SDGsにおいて保健医療分野は、目標3「あらゆる年齢のすべての人々の健康的な生活を確保し、福祉を促進する」に集約されている。

した条約)[3] に基づき国際法上の権利義務の担い手となる。

●個人

　個人は国際人権条約によって国際法上の権利をもつ。国際法違反の犯罪（戦争犯罪や人道に対する罪など）を犯した個人は国際法上の刑事責任を負う。

> 国連（国際連合）は現在世界の193か国が加盟する国際機構で、国連憲章がその設立文書（条約）である。国連は国際法の形成に重要な役割を果たす。⇨ コラム 国連憲章

国際法──条約と国際慣習法

●条約

　対等な当事者である国どうしが合意によって自由につくりだす権利義務関係が条約である。

＊4　国際機構が加盟できる条約もある。たとえばパリ協定には192か国とEU（欧州連合）が加盟している。

> 条約＝「国の間において文書の形式により締結され、国際法によって規律される国際的な合意」[4]

＊5　国際法においては、紛争当事国双方の合意があってはじめて裁判ができる。

　主権国家が並存する国際社会[5]では、国家の上に立つような立法機関はない。国どうしが合意によって条約をつくる。条約に加盟するかしないかは各国の自由である。条約には、日米安全保障条約のような二国間条約、気候変動枠組条約やWTO（世界貿易機関）協定のような多数国間条約がある。投資保護協定のように双務的な関係の契約条約もあれば、環境保護やジェノサイド（集団殺害）の禁止のように目的に向かって新しい規範を創設する立法条約もある。現在膨大な数の条約が存在し、国際法の網の目を形成している。

　国が条約に加盟すると、国際法上の義務を負う。その義務を実施するため、国は条約に加盟する際に新たに国内法を制定したり、改正したりする。

●国際慣習法

＊6　国際慣習法の例としては、大陸棚制度、武力行使禁止原則（国連憲章2条4項）などがある。

　明文化されてはいないが、長い間国際社会の規範として各国に受容されているルールがあり、それが国際慣習法[6]である。

> **国際慣習法の要件**
> 　一般慣行　当該行為が諸国の一般的慣行となっていること
> 　法的確信　当該慣行が法的権利義務であるとの規範的認識

国連憲章25条
国際連合加盟国は、安全保障理事会の決定をこの憲章に従って受諾し且つ履行することに同意する。

国際法の位置付け

●国連の決議

| 国連総会決議 | 加盟国に対して法的拘束力をもたない勧告的文書 |
| 国連安全保障理事会決議 | 加盟国に対して法的拘束力をもつ文書 |

●日本の国内法における国際法

　条約の締結は内閣が行い、事前に（または事後に）国会の承認を経ることが必要である（憲法73条3号）。行政府である内閣が締結する条約について、立法府である国会の承認を要するのは、条約に対する民主的コントロールの現れである。①法律事項を含むもの、②財政事項を含むもの、③政治的に重要なものは国会承認が必要な条約である。

　日本が締結した条約および確立された国際法規を誠実に遵守することは、憲法上の要請である（憲法98条2項）。外務省の国際法局が、国際法に関する外交政策、条約の締結、解釈および実施、確立された国際法規の解釈および実施等に関する業務を行っている。

環境法から国際環境法へ——地球規模での環境保護

＊7　環境基本法2条は①大気汚染、②水質汚濁、③土壌汚染、④騒音、⑤振動、⑥地盤沈下、⑦悪臭を7つの典型公害としている。

　公害問題が深刻化した1960年代から公害対策基本法や大気汚染防止法といった環境に関連する立法が続々と行われ、1993年に環境基本法＊7が制定された。

●国際環境法とその特徴

　環境保護を目的とする国際的なルールが「国際環境法」と呼ばれる一群の国

国連憲章——戦争の世紀を越えて

　20世紀は第一次・第二次世界大戦のみならず、数多くの戦争（内戦も含む）により幾千万の命が失われた、戦争の世紀であった。1945年国連憲章は前文で「われら連合国の人民は、われらの一生のうちに二度まで言語に絶する悲哀を人類に与えた戦争の惨害から将来の世代を救い、基本的人権と人間の尊厳及び価値と男女及び大小各国の同権とに関する信念をあらためて確認し、正義と条約その他の国際法の源泉から生ずる義務の尊重とを維持することができる条件を確立し、……」と謳い、第二次大戦後の国際社会に新しい秩序を築くことを宣言した。

　これを読むと、日本国憲法（1947年施行）の前文「われらは、平和を維持し、専制と隷従、圧迫と偏狭を地上から永遠に除去しようと努めている国際社会において、名誉ある地位を占めたいと思う。われらは、全世界の国民が、ひとしく恐怖と欠乏から免かれ、平和のうちに生存する権利を有することを確認する」を思い出す読者もいるだろう。

　戦後、日本は1956年に国連に加盟する。1951年サンフランシスコ平和条約（対日平和条約）、1952年日華平和条約、1956年日ソ共同宣言、1965年日韓基本関係条約、1972年日中共同声明と、各国との関係を回復してゆく。法の支配、人権、軍縮を柱に外交をすすめてきた日本は現在国際社会において高く評価されている。こうした文書を読み、世界における日本の歩みをふりかえってみよう。

際法である。各条約[8]はその保護対象や規制対象とする活動を定義している。

表2　環境保護に関する国際的取組みの展開

1972年	ストックホルム国連人間環境会議 「人間環境宣言」 原則1：環境の保護・改善は人間の厳粛な責任 原則21：領域使用の管理責任（「国はその領域を、他国に損害を与えるような仕方で自ら使用したり、私人に使用を許可したりしてはならない」） UNEP（国連環境計画）の設立
1982年	国連海洋法条約 各国に対して海洋環境を保護・保全する一般的義務が課される
1985年	オゾン層保護のためのウィーン条約
1987年	オゾン層を破壊する物質に関するモントリオール議定書
1989年	有害廃棄物の越境移動及び規制に関するバーゼル条約
1992年	環境と開発に関する国連会議（地球サミット、リオデジャネイロ） ・「環境と開発に関するリオ宣言」 原則3「現在および将来の世代の開発と環境の必要性を衡平に満たす」（世代間衡平の原則） ・気候変動枠組条約：1997年京都議定書 ・生物多様性条約：2000年バイオセーフティに関するカルタヘナ議定書 　　　　　　　　　：2010年遺伝資源の取得の機会及びその利用から生ずる利益の公正かつ衡平な配分に関する名古屋議定書
2002年	ヨハネスブルグ宣言（持続可能な開発に関する世界サミット）
2015年	パリ協定[9]（気候変動枠組条約第21回締約国会議にて採択、2016年発効） 温室効果ガス排出削減策、気候変動の悪影響への適応策、資金、技術開発・移転、能力構築、行動と支援の透明性について定める

環境基本法1条

この法律は、環境の保全について、基本理念を定め、並びに国、地方公共団体、事業者及び国民の責務を明らかにするとともに、環境の保全に関する施策の基本となる事項を定めることにより、環境の保全に関する施策を総合的かつ計画的に推進し、もって現在及び将来の国民の健康で文化的な生活の確保に寄与するとともに人類の福祉に貢献することを目的とする。

[8]　地球環境はいったん破壊されてしまうと、元には戻らない。損害発生後の事後救済よりも環境の保全そのものを目的とする必要がある。そこで、国際環境条約では事後よりも事前に重心がおかれ、事前通告、事前協議、情報交換、報告制度、環境影響評価などの制度が整備されている。

SDGs（持続可能な開発目標）

[9]　パリ協定の目的は、気候変動の脅威に対する世界全体での対応を強化することであり、世界全体の平均気温の上昇を工業化以前よりも摂氏2度高い水準を十分に下回るものに抑え、摂氏1.5度高い水準までのものに制限するよう努力すると規定する（2条）。

SDGsとは、2015年9月の国連サミットで全会一致で採択された、2030年を年限とする17の目標である。たとえば、目標1は「あらゆる場所で、あらゆる形態の貧困に終止符を打つ」、目標2は「飢餓に終止符を打ち、食料の安定確保と栄養状態の改善を達成するとともに、持続可能な農業を推進する」、目標13は「気候変動とその影響に立ち向かうため、緊急対策をとる」となっている。

国際環境条約が加盟国にのみ法的拘束力を有するのに対し、SDGsは法的拘束力を有さないが世界のすべての国に影響を与えるものである。SDGsは、「誰一人取り残さない」持続可能で多様性と包摂性のある社会の実現を目的としており、普遍性（先進国を含め、すべての国が行動する）、統合性（社会・経済・環境に統合的に取り組む）、透明性を特徴とし、国を含むすべての関係当事者が役割を果たすことを求める参画型のものである[10]。

[10]　日本政府は2016年にSDGs推進本部を設置し、国内外において積極的にSDGsを実施している。

より深く学びたい人へ

1 国と国の間に紛争が起こったらどう解決されるのだろう？

国連憲章は「国際紛争の平和的解決義務」を定めている。

2条3項　すべての加盟国は、その国際紛争を平和的手段によって国際の平和及び安全並びに正義を危くしないように解決しなければならない。

33条1項　いかなる紛争でもその継続が国際の平和及び安全の維持を危くする虞（おそれ）のあるものについては、その当事者は、まず第一に、交渉、審査、仲介、調停、仲裁裁判、司法的解決、地域的機関又は地域的取極の利用その他当事者が選ぶ平和的手段による解決を求めなければならない。

2 国際紛争の解決手段

交渉：紛争当事国が通常の外交経路を通じて直接話し合うこと
　　　（最も基本的手段で、実際の紛争のほとんどは交渉で解決）

審査：国際審査委員会を設けて紛争に含まれる事実問題を客観的に明らかにし、当事国間の紛争解決を促進する制度

仲介：第三者が自ら交渉に関与し、具体的な解決策を提示して当事国の受諾を促し、紛争を平和的に解決するよう勧告を行う方式

調停：国際調停委員会を設けて事実問題を調査・解明し、法的問題も含めて紛争を全般的に検討し、解決案を当事国に勧告する制度

仲裁裁判：事件ごとに当事者の合意によって臨時の裁判所が構成され、判決が下される

司法的解決：常設の司法裁判所による裁判
　1921年　常設国際司法裁判所
　1945年　国際司法裁判所（ICJ：International Court of Justice）
　　　　国際司法裁判所規程は国連憲章と不可分の一体をなし（国連憲章92条）、
　　　　国連加盟国は当然に国際司法裁判所規程の当事国となる（同93条）。

3 国際司法裁判所の裁判手続

● 裁判の当事者：国のみ
● 裁判管轄権の設定方式＝紛争当事国の合意
　①紛争発生後の特別付託合意
　②応訴管轄（紛争発生後、一方当事者の提訴とそれへの同意）
　③条約による紛争付託の事前合意
　④あらかじめ裁判管轄権に同意する、選択条項受諾宣言（国際司法裁判所規程36条2項）
● 裁判の基準（同規程38条1項）
　（a）条約、（b）国際慣習法、（c）法の一般原則、
　（d）法則決定の補助手段として、判決および学説

課題

この章のテーマをさらに深めるために

● 国内法と国際法の関係、相違点について考えてみよう。
● 関心のある国際問題について、それに関わる条約の規定を調べてみよう。
● 身近な環境問題について、それに関わる国際環境法は何か、調べてみよう。

ぼくは今日から「誰一人取り残さない」持続可能で多様性と包摂性のある社会の実現を目指して行動することにするよ！

SDGs そのままだな！　自分だけ頑張っても何も変わらない気がするけど……

みんながそんなこと言ってたら何も変わらないよ！ぼくは今日から国際人だから！　国際法ってスケールがでかくてかっこいいな！

じゃあ国際人ノゾムには、ゴミの片づけと店周りの掃除、どーんと頼むよ。

え、そんなにぼくばっかり？
でも次の世代に美しい地球を残すために、できることから頑張るよ。

　どうだろう、法学のイメージが少し変わったろうか。
　21世紀に生きる君たちには、ぜひ国際基準でものを考えてほしい。大げさでなく、世界の人々が協力して地球を生き延びさせていく時代になっているのだ。次の章でも、また別の国際的な角度から、人権の問題を学んでみよう。

第13章 グローバル化と法

人権と国際法

希望くんは夏休みに初めての海外旅行に行くためパスポートをとった。パスポートの表紙には「日本国」の文字がある。ふだんはあまり意識しない日本人という国籍だが、パスポートは海外ではお金より大切だと聞いた希望くん、かなえさんと国籍の話で盛り上がっている。

そういえば、アパートの隣の部屋に外国人の家族が引っ越してきたんです。フィリピン人のお母さんと小学1年生の女の子。私のこと「おねえちゃーん」って呼んでくれてとってもかわいくて。でも学校ではいじめられてるっていうから、私まで悲しくなっちゃいました。

へえ。国籍が違うくらいでいじめるなんて、国際人のぼくには考えられないな。うちの近くには、アフリカ出身の家族が住んでるんだ。内戦から逃れてやっと日本に来たけど、難民認定が大変だとか聞いたよ。

日本って難民をあまり受け入れないって聞くけど、どうしてかしら。その家族もこれからは安全に暮らせるといいですね。一日3回食事をして、子どもは学校に行って、そういうあたりまえのことができるといいですね。

うん。ほんとは世界中の人がそういう暮らしができるようにならなくちゃね。
ぼくさ、「天は人の上に人を造らず、人の下に人を造らず」っていう言葉、好きなんだ！

今回の講義は
尹　仁河先生
国際法担当

●人権の国際的保障——国際人権条約を理解しよう

●国籍——人と国を法的に結ぶもの

●難民は日本でどのように認定されるの？

●外国人労働者は法的にどう保護されるの？

人と国を結ぶもの——国籍

かなえさんは両親が日本人なので生まれたときから日本国籍である。かなえさんは大学で留学生交流サークルに入り、外国人の友達とも仲良くしている。それで再認識したのは、皆それぞれ国籍をもっていることだ。個人と特定の国を法的に結びつける絆が国籍である。

国籍をどう付与するかは各国の裁量であり、2通りのパターンがある[*1]。

①出生地主義：子の出生地を基準に国籍を付与

例）米国で生まれた子は（親の国籍に関係なく）米国籍

②血統主義　：親の国籍を基準に国籍を付与

例）父または母が日本国籍であれば子は日本国籍

かなえさんはふだん学生証と運転免許証を身分証に使っているが、留学生の友達は「在留カード」（顔写真のほか、氏名、国籍、生年月日、性別、在留資格、在留期限、就労の可否を記載）をもっている。出入国管理及び難民認定法の改正により、従来の外国人登録制度は廃止され、2012年より新しい在留管理制度が始まった。日本における在留外国人が2021年末に約276万人に達していることを政府統計のホームページで確認し、かなえさんはあらためてグローバル化を考えはじめた。

*1　日本人夫妻の子が米国で生まれれば、子は米国（出生地）と日本（血統）の二重国籍になる。また、外国人の父と日本人の母の間に生まれた子は、両親の国籍を受け継いで外国と日本の二重国籍となる。人の移動が自由で活発になった現在、二重国籍者が大幅に増えている。日本の国籍法は、二重国籍者に対してどちらか一方を選択するよう定めている。

すべての人の人権は不可侵

グローバル化の時代には、国籍に関係なくすべての人がもつ人権がいっそう重要になる。人権は日本国憲法で「侵すことのできない永久の権利」（憲法11条）で「立法その他の国政の上で、最大の尊重を必要とする」（憲法13条）とされる。こうした人権規定の先駆的文書はアメリカ独立宣言（1776年）やフランス人権宣言（1789年）である[*2]。

*2　アメリカ独立宣言
「われわれは、自明の真理として、すべての人は平等に造られ、創造主によって、一定の奪いがたい天賦の権利を付与され、その中に生命、自由および幸福の追求の含まれること

●人権と国際法

　各国の憲法は人権保障の規定を設けている。それなのになぜ人権は国際法の問題にもなってきたのだろうか。

　第二次世界大戦前までは、わずかに条約はあったものの人権保障は各国の国内法にまかされていた。それが、第二次世界大戦でナチスによるユダヤ人虐殺をはじめとする未曾有の人権侵害が起き、人権保障を国内法にまかせているだけでは不十分で、世界共通の人権基準をつくることが平和のためには必要だ、と考えられるようになった。そこで、1945年国連憲章は初めて「人権」を条約にもちこみ、国連の目的として「人権の普遍的な尊重と遵守を促進するための国際協力」をかかげた（国連憲章1条3項）。国連は総会と国連人権委員会（経済社会理事会の補助機関）を中心に、人権保障に関する活動を行ってきた。2006年からは国連人権委員会が「人権理事会」となっている。

●国連による人権基準の設定

　国連は1948年に総会で全30条からなる「世界人権宣言」＊3を採択した。これ自体は国連総会決議であるため法的拘束力をもたない。世界人権宣言で示された基準を法的拘束力のある条約にするための作業が以降続けられてきた。

表1　国際人権条約の展開

1965年	人種差別撤廃条約
1966年	国際人権規約 ・経済的、社会的及び文化的権利に関する国際規約（社会権規約） ・市民的及び政治的権利に関する国際規約（自由権規約）
1979年	女性差別撤廃条約
1984年	拷問禁止条約
1989年	児童の権利条約
2000年	武力紛争における児童の関与に関する選択議定書 児童の売買、児童買春及び児童ポルノに関する選択議定書
2006年	障がい者の権利条約 強制失踪からのすべての者の保護に関する国際条約

表2　各地域ごとの人権条約

ヨーロッパ	1950年欧州人権条約
ラテンアメリカ	1969年米州人権条約
アフリカ	1981年人及び人民の権利に関するアフリカ憲章

難民

＊4　2022年２月24日、ロシアがウクライナに軍事侵攻した。ロシアの行為は国連憲章２条４項が規定する武力行使禁止原則に違反し、個々の戦闘行為は国際人道法に違反する例が多く見られる。ウクライナでは710万人が国内避難民となり、870万人は国境を越えて逃れ、うち560万人がヨーロッパへ逃れた。日本はウクライナからの避難民を受け入れている（2022年９月時点で1882人）。

＊5　IDPs：Internally Displaced Persons とは紛争等によって常居所を追われたものの国内にとどまって避難生活を送る人々をさす。

希望くんは、近所の一家が気がかりだ。難民はどう保護されるのだろう。

法による保護のために、条約ではまず「難民」＊4を「人種、宗教、国籍若しくは特定の社会的集団の構成員であること又は政治的意見を理由に迫害を受けるおそれがあるという十分に理由のある恐怖を有するために、国籍国の外にいる者」（「難民の地位に関する条約」（難民条約）１条）と定義し、難民を生命または自由が脅威にさらされるおそれのある領域の国境へ追放・送還してはならないという追放・送還禁止の原則（同条約33条）を定めた。UNHCR（国連難民高等弁務官事務所）の支援対象は条約上の難民に限らず、帰還民、無国籍者なども含む広いものである。

UNHCR の発表（2022年６月）によると、2021年末時点で世界では紛争や迫害によって8930万人以上が故郷を追われ、戦後最大の数になった。その内訳は難民2710万人、国内避難民（IDPs）＊5 5320万人、庇護希望者460万人である。難民の出身国はシリア 680万人、ベネズエラ 460万人、アフガニスタン 270万人、南スーダン240万人、ミャンマー120万人で全体の69％が５か国に集中している。2018〜2021年に難民として生まれた子どもは150万人以上で、難民の41％が18歳未満の子どもである。難民の受入国はトルコ 380万人、コロンビア 180万人、ウガンダ 150万人、パキスタン150万人、ドイツ 130万人であり、世界の難民の83％は低中所得国で受け入れられている。

●日本における難民認定手続

難民問題への関心が日本で高まったきっかけは、1975年インドシナ難民の大量流出、同年５月のベトナムからのボートピープル到着である。以来、日本はインドシナ難民の一時受入れおよび定住受入れを特別に認めている。

難民条約は、難民認定手続を各締約国の立法裁量に委ねている。日本は1981年に難民条約に加入するにあたり、従来の出入国管理令を改正し、新たに難民認定制度を導入して、「出入国管理及び難民認定法」（出入国管理法）とした。難民の認定は法務省が所管する。そこでは、難民申請者自身が難民該当性の立証責任（「迫害を受けるおそれがあるという十分に理由のある恐怖」の高度の蓋然性の証明）を負う。難民にあたるか証明できなければ、その不利益は申請者が負うため、これが申請者には負担になっているといわれる。

難民認定申請者には仮滞在許可制度を設け、仮滞在許可を受けた申請者につ

いては退去強制手続を停止して、難民認定手続を行っている。2021年には2413人の申請があり、国籍別にはミャンマー、トルコ、カンボジア、スリランカ、パキスタンの順であった。そのうち74人が難民として認定され、580人が人道的な配慮が必要なものとして特に在留を認められた[*6]。

＊6　難民認定者の内訳はミャンマー32人、中国18人、アフガニスタン９人、イラン４人等である。人道配慮数のうち本国情勢等を踏まえて在留を認めた数はミャンマー498人、シリア６人、エチオピア、スリランカ各５人等である。

いったん入国した外国人が不法にオーバーステイした場合、退去強制がなされる（出入国管理法24条）。児童の権利条約９条１項は「締約国は、児童がその父母の意思に反してその父母から分離されないことを確保する」と規定するが、日本は「出入国管理法に基づく退去強制の結果として児童が父母から分離される場合に適用されるものではないと解釈する」と宣言した。

図１　難民認定手続

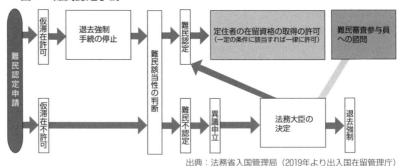

出典：法務省入国管理局（2019年より出入国在留管理庁）

外国人労働者

民法３条
１項　私権の享有は、出生に始まる。
２項　外国人は、法令又は条約の規定により禁止される場合を除き、私権を享有する。

労働基準法３条
使用者は、労働者の国籍、信条又は社会的身分を理由として、賃金、労働時間その他の労働条件について、差別的取扱をしてはならない。

労働基準法５条
使用者は、暴行、脅迫、監禁その他精神又は身体の自

外国人労働者とは、労働を目的に外国に移住する人をいう。厚生労働省による「外国人雇用状況の届出状況」（2021年10月末現在）によると、外国人労働者を雇用する事業所は日本全国に約28万5000か所ある（過去最高を更新）。外国人労働者数は約173万人（過去最高を更新）で、国籍別にはベトナム45万人、中国40万人、フィリピン19万人である。地域別には東京、愛知、大阪の順で、産業別には製造業、サービス業、卸売・小売業の順に多い。規模別には30人未満の事業所が最も多く、全体の６割を占める。

まず、憲法14条（平等権）を含む人権規定を確認しよう。憲法で「国民」と規定されていても、権利の性質上日本国民に限定されるものを除き、憲法は日本に住む外国人にも適用される。民法では、外国人も私権を享有すると規定されている。

由を不当に拘束する手段によって、労働者の意思に反して労働を強制してはならない。

憲法26条
1項 すべて国民は、法律の定めるところにより、その能力に応じて、ひとしく教育を受ける権利を有する。
2項 すべて国民は、法律の定めるところにより、その保護する子女に普通教育を受けさせる義務を負ふ。義務教育は、これを無償とする。

人種差別撤廃条約5条
…、締約国は、特に次の権利の享有に当たり、…、すべての者が法律の前に平等であるという権利を保障することを約束する。

●労働

外国人労働者も「労働者」であるので、労働基準法、最低賃金法、労働安全衛生法、労働者災害補償保険法の適用がある。たとえば、労働基準法3条は労働条件面での国籍による差別を禁止し、5条は強制労働を禁止している。

外国人労働者の雇用、労災事故にあった場合（適切な医療の確保、賠償金額の際の逸失利益が一般に比べて低く算定されること）など問題は山積している。

●教育

外国人労働者の子どもも教育を受ける権利がある。社会権規約13条、児童の権利条約28条がすべての子どもの教育を受ける権利を規定し、憲法26条（教育の権利・義務）は日本に住む外国人にも適用があると解されている。

●外国人労働者に関する国際条約

ILO（国際労働機関）は国際労働基準の設定と監視を任務とする国際機構として、1925年「労働者災害補償についての内外人労働者の均衡待遇に関する条約」、1949年「移民労働者に関する条約」、1975年「劣悪な条件の下にある移住並びに移民労働者の機会及び待遇の均等の促進に関する条約」を採択した。ILO

国際私法──国際法とどうちがう？

本屋で国際法の本をさがしていた希望（のぞむ）くんは「国際私法」の本に出会った。

国際私法とは何だろう？　将来あなたも国際結婚をしたり、日本と外国に関わる契約を担当する仕事をするかもしれない。国際結婚、国際契約など複数の国に関連を有する（これを「渉外」とよぶ）関係から生じる法律問題の解決を目的とする法が「国際私法」であり、どの国の法律を適用すべきか（＝「準拠法」）を決定するものである。したがって、主として国と国との関係を規律する「国際法」とは全く別の法分野であり、「国際法」

のほうを区別のために「国際公法」とよぶこともある。国際私法の基本的な法律「**法の適用に関する通則法**」（2007年施行）である。

国際私法は国ごとに国内法として定められているため、国によってその内容が異なることがあるが、法的安定性の観点からは内容が統一されていることが望ましい。そこで、ハーグ国際私法会議は国際私法の世界的な統一のための条約の作成作業を続けている（例：「子に対する扶養義務の準拠法に関する条約」）。UNCITRAL（国連国際商取引委員会）も統一条約を作成している。

表　法の適用に関する通則法

契約	当事者の意思で契約当時に準拠法を選択できる 当事者による準拠法の選択がない場合　最も密接な関係がある地の法
不法行為	加害行為の結果が発生した地の法
婚姻	婚姻の成立は各当事者につきその本国法
離婚	夫婦の本国法が同一であるときはその法、それがない場合、夫婦の常居所地法、夫婦に最も密接な関係がある地の法

column

は、世界の平和は社会正義を基礎としてのみ確立できるとして、労働者の人権の尊重、妥当な生活水準、雇用の機会、経済・社会的安定など「ディーセント・ワークの確保」を謳っている。

国際連合は1990年、「すべての移住労働者およびその家族の権利の保護に関する国際条約」を採択した。国内に非正規の状態にある移住労働者及びその家族構成員がいる場合、その状態が持続しないよう確保するために適当な措置をとることなどが規定されている。

外国人労働者の差別に関しては、人種差別撤廃条約が適用される。

●どこで生まれても一人の人間として

「正義とは、各人に各人の権利を分配する恒常不断の意思である。法の掟は、誠実に生きること、他人を害しないこと、各人に各人のものを分配すること、これらである」（『ローマ法大全』法学者ウルピアヌスによる定義）といわれる。

正義の女神が、天秤（平等の象徴）をもち、目かくし（公平の象徴）をしていることを思い起こしてみよう。人は国籍、外見、職業、財産はそれぞれでも、等しく人権をもつ平等な存在である。その平等な存在を公平にあつかうのが法である。生きとし生けるものはみな尊い。自分と同じく尊い他者の痛みを自分のことのように考える、考えようとする、それが法学の根底にある。

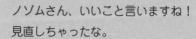
日本はこれから高齢化社会になって、介護してくれる人材を外国人労働者に頼らなきゃいけないので、ますますグローバル化は進むらしいですよ。

でも、真のグローバル化を目指すなら、そうやって自分たちの都合ばかり考えてないで、身近な人たちの人権をもっと大事にしないといけないよな。

ノソムさん、いいこと言いますね！
見直しちゃったな。

うん。だってみんなで仲良く楽しく暮らしたいから。
歴史も勉強して隣人を知り、ともに生きてゆく国際人になるよ！

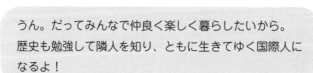

より深く学びたい人へ

1 国際法といえば「戦争と平和」と考える人のために

人権の保護も平和あってこそで、戦争をなくすことが大事だ。そのための国際法の規定を見ておこう。

戦争の違法化・武力行使の禁止
1945年国連憲章 国際紛争の平和的解決義務（2条3項）
　　　　　　　　　　＋武力行使の禁止（2条4項）
国連憲章2条4項（武力行使の禁止）は2つの例外のみを許容
　①安保理決議に基づく軍事行動（第7章）
　②個別的自衛権・集団的自衛権（51条）

①国連の集団安全保障体制
　平和に対する脅威、平和の破壊又は侵略行為を安保理が認定し（39条）、必要に応じて非軍事的措置（41条、経済制裁など）および軍事的措置（42条）をとる。安保理の判断に加盟国が従う（25条、48条、103条）。
②自衛権
　国連加盟国に対して武力攻撃が発生した場合には、安保理が国際の平和及び安全の維持に必要な措置をとるまでの間、個別的又は集団的自衛の固有の権利を害するものではない（51条）。

2 武力紛争が起こってしまった場合

武力紛争時の人間の保護を規定しているのが国際人道法だ。国際人権法が英語でInternational Human Rights Lawなのに対し、国際人道法はInternational Humanitarian Lawである。古い名称は「戦争法」だが、1945年国連憲章が戦争を違法化して武力行使を禁止してからは戦争の語を避けて「武力紛争法」になり、1970年代からは人道規則を特に重視して国際人道法とよばれている。現在主に1949年ジュネーヴ諸条約（傷病者、捕虜、文民の保護）、1977年第一追加議定書（国際的武力紛争に適用）および第二追加議定書（非国際的武力紛争に適用）といった条約から成る。

国際人道法の根幹は「区別原則」である。戦闘員と非戦闘員を区別し、軍事物と非軍事物を区別することが武力紛争の当事者の義務である。したがって、一般市民を攻撃することは禁止され、学校や病院、文化財、自然環境を攻撃することも禁止される。

戦後の平和憲法のもと、戦争をしない国として75年以上歩んできた日本に暮らしていると、国際人道法はなんだか遠いイメージかもしれない。しかし、今この瞬間も世界のどこかでは武力紛争が起きていて、私たちはその世界につながっている。世界の人々ひとりひとりの人生を心にとめるためにも、国際人道法を知ってほしい。

課題

この章のテーマをさらに深めるために

- 身近な人権問題について、それに関わる国際人権条約の規定と憲法の規定を照らし合わせて考えてみよう。
- これまで学んだ国内法（民法、労働法、刑法、憲法）それぞれについて、国際法と関連する事例を考えてみよう。
- 難民と外国人労働者の問題を法の観点から考えてみよう。

新学期からあっという間に半年が過ぎた。すっかり大学生らしくなったかなえさんが、研究室棟の前に立っている。

かなえさん、まだ教室行かないの？

法学のヒゲ先生を待ってるんです。

お、なんかストーカーぽいじゃん。ヒゲ先生、喜んじゃうんじゃないの？

そんなんじゃなくて。私、けっこう法律が面白くなってきたんですけど、文学部だと今日で法学が終わるともう法律の授業もないでしょう。もう少し法律の勉強を続けてみたくて。

ふーん。でもヒゲ先生、今日の最終回は君たちの質問に答えてなんでも話しますって言ってたから、がんがん聞いちゃえば？

法学部の先輩に聞いたら、六法がきちんと引けて、判例がしっかり読めて、とか、法律の学習リテラシーというようなものがあるんですって。

今回の講義は
ヒゲ先生

今回の講義は
前田美千代先生
民法、消費者法担当

またぼくのわからない英語を使う。学習リテラシーって、つまり、勉強の仕方とか手順についての知識っていうこと？

そう。ひととおり教わっておけばあとは自分でもできると思うんです。

わかった。ぼくからもヒゲ先生にリクエストしよう。

早いもので法学も最終回の授業になった。この章では、前半で、いわゆる法学の内容として共通に知っておくべき事柄や、現代社会での発展的学習内容を補充的に説明し、その後で、より本格的に法律の学習を続けていく人たちのために学習の仕方を伝授しておこう。

第14章のポイント

● 法学の共通知識

● 憲法から現代の権利へ

● 21世紀のIT社会と法──知的財産法の発展

● 本格的な法律学へのスタート

● まず条文、それから判例、それから学説

● 六法の使い方、条文の理解の仕方

● 判例の意義と判例学習の仕方

● 紛争解決のための法──法曹を目指す人に

法の解釈

まず法学の基礎知識の補充から始めよう。第1章で、民法では、事情を知らないことを「善意」といい、逆に事情を知っていることを「悪意」ということを学んだ。このように、法律用語には、日常用語とは異なる特殊な表現が多い。これも法律を難しく感じる原因かもしれない。それに、そもそも言葉には多義性、つまりいろいろな意味を持ちうる性質がある。したがって、法律の条文を読んだだけではすぐには意味がわからない場合も大いにある。そこで、制定法の意味内容を明らかにする作業である「法の解釈」が必要になる。

法の解釈は、法的紛争の解決のために、事実に法を正確に当てはめるために必要になる。それには、いくつかの方法がある。まず、制定法に使われている文言や文章の意味をふつうの常識的意味に理解するのが**文理解釈**である。たとえば「土地の工作物」（民法717条1項本文）とは、「土地に接着した工作物」、すなわち「人の作業によって作られた物で土地に接着するもの」を指すと解釈する場合である。

それでは、道路も「土地の工作物」にあたり、たとえば道に穴が開いていてころんで怪我をしたら、民法が適用されるのだろうか。こうなると、ほかの法律の規定や法の体系なども考え合わせた、論理的な解釈が必要になる。これを**論理解釈**という。たしかに、道路も一種の土地の工作物であるが、個人の敷地の中の道（私道）はともかく、国道や県道のような一般の道路（公道）の設置・管理の瑕疵による損害は、国家賠償法という別の法律で、国または公共団体に賠償責任があると規定されているので（国家賠償法2条）、一般の道路に関する紛争には民法の適用がない。つまり、公道は民法にいう土地の工作物とはいわない、ということになる。

また、これも論理解釈の一種であるが、論理必然的に導かれる解釈として、**勿論解釈**と**反対解釈**とがある。たとえば、「車馬通行禁止」とあったら、明記していなくてももちろん牛も通れない、というのが勿論解釈である。また、たとえば民法96条は、1項で「詐欺又は強迫による意思表示は、取り消すことができる」としながら、2項では「第三者が詐欺を行った場合」には「相手方がその事実を知り、又は知ることができたときに限り、その意思表示を取り消すことができる」として、詐欺の場合しか規定していない。そのため、2項は強迫の場合には適用されず、強迫の場合は第三者が強迫したと知っていてもいな

民法717条
1項　土地の工作物の設置又は保存に瑕疵があることによって他人に損害を生じたときは、その工作物の占有者は、被害者に対してその損害を賠償する責任を負う。ただし、占有者が損害の発生を防止するのに必要な注意をしたときは、所有者がその損害を賠償しなければならない。

国家賠償法2条
1項　道路、河川その他の公の営造物の設置又は管理に瑕疵があつたために他人に損害を生じたときは、国又は公共団体は、これを賠償する責に任ずる。
2項　前項の場合において、他に損害の原因について責に任ずべき者があるときは、国又は公共団体は、これに対して求償権を有する。

民法96条
1項　詐欺又は強迫による意思表示は、取り消すことができる。
2項　相手方に対する意思表示について第三者が詐欺を行った場合においては、相手方がその事実を知り、又は知ることができたときに限り、その意思表示を取り消すことができる。
3項　前二項の規定による詐欺による意思表示の取消しは、善意でかつ過失がない第三者に対抗することができない。

くても相手方は取り消すことができる、というのが反対解釈である。

　多少別の観点からいえば、制定法の意味や目的については、制定当時に立法者や起草者がその見解を明らかにしている場合があり、これを参考にして、法規の意味を探求するのが歴史的解釈である。もっとも、制定後長い年月が経過して社会条件や価値観が変化した場合は、歴史的解釈にしたがうと不合理な結果となる場合もある。しかし、当該規定が作られた理由を正しく理解してこそ、現代社会に適合するかしないかがわかるのであり、法の解釈の出発点というべき基礎作業として、必要不可欠な解釈方法といえる。

　一方で、それぞれの法自体の目的や基本思想、適用対象である社会生活の要求などを考慮しながら、それらと合うように法文の意味内容を理解する目的論的解釈も行われる。

　以上のほかに、拡張解釈と縮小解釈という方法がある。これらは、解釈の技術というより、実質的判断の結果として、法的概念に含まれる範囲の拡大または縮小を示すものである。たとえば、土地に接する建物のなかに備え付けられた機械を「土地の工作物」に含めて考えるのが拡大解釈である。

　また、その条文からは本来規定対象になっているとは読み取れないが、制度の趣旨からしてその条文を当てはめてよいだろうとするのが、類推解釈である。もっともこれは、裁判官の恣意的な扱いにならないように注意しなければならない。たとえば判例は、虚偽表示（結託して嘘の意思表示をする）の場合にそれを嘘と知らずに取引をした第三者を保護する規定である民法94条2項を、不動産取引において真実と違う登記(本来登記は真実でないものを信じても権利は得られない）を信じて取引した第三者の保護のために一定の状況で類推適用している。

成文法と判例法

　第1章で、日本はフランスやドイツ、ブラジルなどと同じように、書かれた法律を持っている成文法主義の国であり、これに対して、イギリスやアメリカ合衆国は、裁判所の判決（判例）の積み重ねによる判例法主義の国であることを学んだ。これは、たとえば日本の場合、成文法が中心という意味であり、判例法を認めないという意味ではない。実際に、具体的紛争解決の基準としての法の役割からみた場合、成文法は、抽象的・一般的であるため、現実の紛争を解決するためにはその意味内容を具体的に明らかにすることが不可欠である。

民法612条
1項　賃借人は、賃貸人の承諾を得なければ、その賃借権を譲り渡し、又は賃借物を転貸することができない。
2項　賃借人が前項の規定に違反して第三者に賃借物の使用又は収益をさせたときは、賃貸人は、契約の解除をすることができる。

さらに、その法文の意味内容を判例が変えていくこともある。たとえば、お金を取って物を貸す賃貸借契約について、民法は、612条1項で、賃借人は、賃貸人の承諾がなければその賃借権を他人に譲り渡したり転貸（また貸し）することができないとし、同条2項では、賃借人が無断で転貸等をしたときは、賃貸人は契約の解除ができるとしている。これは、アパートの賃貸借などを考えた場合、賃貸人にとって、入居する賃借人がどんな人でもいいわけではないのは当然だから、いちおう納得できるだろう。けれども、借家人Aが、たまたま住まいが見つからない弟Bを、自分が地方に仕事に出る期間、大家Cに無断でアパートに住まわせて家賃はきちんと払っていたような場合まで、Cが無断転貸を理由にAとの契約をただちに解除して別の借主とより有利な契約をできるのは問題だろう。こういう事例で最高裁は、解除を制限する判決を続けて出し、条文の内容を実質的に修正するに至っている。⇒**コラム** 判例法理

＊1　高等裁判所で最高裁判所の従来の判例に反する判決がされた場合は、上告申立てあるいは上告受理申立てができる（刑事訴訟法405条、民事訴訟法318条）。最高裁判所が自ら判例を変更するには大法廷（15人の裁判官全員が担当する）を開かなければならない（裁判所法10条3号）。

判例は、裁判の先例として、同じ類型の事件がのちに裁判所で争われるときに指針として機能する。つまり、裁判所は、前の判決におけるのと同様の判断をする可能性が強い。イギリスやアメリカなどの判例法の国では、「先例拘束性の原則」が確立しているため、必ず前の判決と同様の判断がなされるが、日本などの成文法主義の国でも、最高裁の判例には同様の効力があるといえる＊1。

法形式・法の優先順位

憲法96条
1項　この憲法の改正は、各議院の総議員の3分の2以上の賛成で、国会が、これを発議し、国民に提案してその承認を経なければならない。この承認には、特別の国民投票又は国会の定める選挙の際行はれる投票において、その過半数の賛成を必要とする。
2項　憲法改正について

日本などの成文法主義の国において、制度上の法源として重要なものが**制定法**である。制定法は、その大部分が国家の制定した国家法であるが、地方公共団体（都道府県、市町村および特別区）の制定する**条例**などもある。

国家法を制定するのは、原則として、立法機関たる国会である。国民の権利義務に関連する事項は、国会の制定する**法律**の形式で定めなければならない。法律よりも上に国家の基本法である憲法がある。**憲法**は法律とは別の法形式で

判例法理

　最高裁の判例が同旨の内容で繰り返されると、判例法理が確立したといわれる。第二次世界大戦の後の住宅難の時代に、貸主が民法612条2項を利用して契約解除をする紛争が多発した。このような解除を制限しようとする多くの下級審裁判例を受けて、最高裁は、無断転貸が背信的行為と認めめられない限りは、それを理由とする解除はできないという判例法理を確立させた（背信性理論とか信頼関係破壊の法理と呼ばれる）。確立の中心となった判決は、最判昭和28年9月25日民集7巻9号979頁である。

column

前項の承認を経たときは、天皇は、国民の名で、この憲法と一体を成すものとして、直ちにこれを公布する。

憲法94条
地方公共団体は、その財産を管理し、事務を処理し、及び行政を執行する権能を有し、法律の範囲内で条例を制定することができる。

憲法73条
内閣は、他の一般行政事務の外、左の事務を行ふ。
1　法律を誠実に執行し、国務を総理すること。
2　外交関係を処理すること。
3　条約を締結すること。但し、事前に、時宜によつては事後に、国会の承認を経ることを必要とする。
4　法律の定める基準に従ひ、官吏に関する事務を掌理すること。
5　予算を作成して国会に提出すること。
6　この憲法及び法律の規定を実施するために、政令を制定すること。但し、政令には、特にその法律の委任がある場合を除いては、罰則を設けることができない。
7　大赦、特赦、減刑、刑の執行の免除及び復権を決定すること。

憲法13条
すべて国民は、個人として尊重される。生命、自由及び幸福追求に対する国民の権利については、公共の福祉に反しない限り、立法その他の国政の上で、最大の尊重を必要とする。

あり、憲法改正には法律よりも厳格な手続が規定されている（憲法96条）。

地方公共団体は、法律の範囲内で条例を制定することができる（憲法94条）。たとえば、公安条例や騒音防止条例などがよくみられる。

以上のほかに、命令と総称されるものとして、行政機関である内閣の定めた法規を政令（憲法73条6号）といい、各省の定めた法規を省令（国家行政組織法12条）という（内閣府の定める府令も省令と同等である）。政令と府令・省令は、法律の規定を実施するための細目を定めるものである。ただ、国民の権利義務に関する事項を定めたり、罰則を設けたりする場合には、「政令の定めるところによる」というような法律の委任が必要である。

さらに、各種行政機関が定める規則が存在する。これも上記の政令、府令・省令と同種のものである。

最後に、国際法である条約が国会で承認をうけた場合（憲法73条3号、61条）には、国内法として効力をもつ（142頁の記述も参照）。ただ、国民の権利義務に影響を及ぼす条約を承認した場合には、条約の内容をとりいれた法律が国内法として制定されることが多い。

制定法の内容が相互に抵触した場合のために、法規の優先順位が決まっている。第1に憲法がきて、第2に法律、第3に政令、第4に省令がくる。そして、各種の規則は、それが法律と抵触する場合には、法律が優先する。また、地方公共団体の条例が法律と抵触する場合も、法律が優先する。このように、法律が他の法形式に一般的に優越する理由は、全国民の代表者である国会の決定によるものという民主主義の原理に基づく。

自己決定権

ここからは、現代の比較的新しい権利概念や法概念を追加的に学んでおこう。皆さんは、**自己決定権**という言葉を聞いたことがあるだろうか。自己決定権とは、自分の生き方や生活など私的な事柄については自由に決定できるという権利である。この権利については、明文規定があるわけではないが、憲法13条が定める幸福追求権に含まれていると考えられる。

具体的に自己決定権の内容に含まれるのは、①自分の生命・身体の処分に関すること（たとえば、延命拒否や臓器移植）、②家族の形成・維持に関すること（婚姻や離婚）、③リプロダクションに関すること（妊娠、避妊、出産など）、④その他、個人のライフスタイルに関すること（服装、髪型、喫煙、飲酒など）であ

る。以上のうち、人格的生存に不可欠とはいえないこと（たとえば④）について
は、自己決定権の内容に含めないとする考え方もある。

　現代の法制度の中で、自己決定権は重視される方向にある。たとえば、病院
で患者に対して手術の必要性や危険性を十分に説明して同意を取らなければ
ならない、というインフォームド・コンセントの普及もこの自己決定権の確保
のためである。1999年の民法改正で実現した成年後見制度でも、被保佐人とか
被補助人という、ときどき判断力が十分でなくなるようなレベルの人に、自分
でできる取引などを一部残してあげているのも自己決定権の尊重からである。

　もっとも、自己決定権は他人の権利や利益を侵害してまで認められるもので
はない。

IT 社会と法──新しい法分野の発展

　今日の社会は、IT 化が進んでいる（IT とは、Information and Technology つま
り情報・技術の意味である）。たとえば、従来、「通信販売」といえば、郵送され
てくる通販カタログで品物を選んで申込書を返送したりファックスしたりと
いった方法で行われていた。しかし、現在はむしろインターネットを通じた通
信販売取引が主流になりつつある。インターネット・オークションといった方
法も非常にポピュラーになっている。これらは、電子商取引と呼ばれるものと
なる。これについても、法律はいろいろと対応を講じている。

●著作権とインターネット

　インターネットによる音楽のダウンロードなどにも関係する著作権につい
ても考えておこう。著作権は、特許権・商標権などの産業財産権とともに「知
的財産権」と呼ばれる権利の１つである。これら著作権や特許権などに関する
法律（著作権法、特許法、意匠法、商標法など）を扱う分野が知的財産法と呼ばれ
る分野である。21世紀にはこの法分野の重要性が大きく増していくことが想定
される。

　日本では、たとえば特許権や商標権を取得するには一定の手続を経て特許庁
から登録の許可を受けなければならないが、著作権の取得には登録が必要とさ
れておらず、著作物を創作した時点で自動的に権利が発生する。その著作物を
利用したい場合は、「私的使用のための複製」（著作権法30条）など著作権法で認
められる場合を除き、その著作者から許諾を得る必要がある。著作権は、小説
などはもちろん、絵画や音楽などにもある*2。

著作権法30条
１項　著作権の目的となっている著作物（以下この款において単に「著作物」という。）は、個人的に又は家庭内その他これに準ずる限られた範囲内において使用すること（以下「私的使用」という。）を目的とするときは、次に掲げる場合を除き、その使用する者が複製することができる。

*2　日本では、音楽著作権についてはその多くが日本音楽著作権協会（JASRAC）により管理され、音楽サイトから曲をダウンロードしたり、カラオケ店で１曲歌うごとに音楽著作権使用料が発生し、サイト管理者（運営会社）やカラオケ店から JASRAC を通じて著作者に支払われているのである。

2012年著作権法改正により、私的使用目的での音楽・映像コンテンツの違法ダウンロードに刑事罰則が設けられていたが、2020年改正より著作物全般に規制が拡大された（119条3項）[*3]。また2015年著作権法改正では電子書籍に対応した出版権の整備が行われ（79条）、出版社は海賊版に対して自ら差止請求や損害賠償請求ができるようになった[*4]。

● AI と個人情報

自動運転車、ビッグデータを活用した消費者の意思決定や医療の診断支援など、AI（Artificial Intelligence、人工知能）はすでに社会でさまざまに活用されている。未来の日本社会の姿とされる Society 5.0では、サイバー空間とフィジカル空間とを高度に融合させたシステムの下、より高度な AI がますます広汎に活用されるだろう。

データの利活用に関して、2022年4月から施行された改正個人情報保護法では、Cookie などの単体では個人情報に該当しない識別子は「個人関連情報」であり、「個人情報」とは区別されて、データ取得にあたって本人の同意は必要ないが、第三者に提供することで、第三者がその情報を個人データとして取得する可能性があるときには規制の対象となる。

たとえば、EC（電子商取引）サイトを運用する企業が、レビューサイトやポータルサイトを運用する事業者から、行動履歴などを含む匿名の Cookie データを受領し、この Cookie ID を自社の顧客管理システムに保管されている個人データと照合したうえで利用するような場合である。この場合、EC 企業が「本人の同意」を取得し、レビューサイトの運用企業は EC 企業がきちんと「本人の同意を得ていること」を確認・記録する義務がある。また、レビューサイトの運用企業が、EC 企業等に対して Cookie のデータを提供する、いわば Cookie データの第三者提供について「本人の同意」を取得することも可能である。

*3　ヤマハやカワイなどの音楽教室のレッスンでの教師や生徒による楽曲演奏について、著作権（演奏権）侵害が問題となった事案で、最高裁〔最一小判令和4年10月24日〕は、音楽教室のレッスンにおける生徒の演奏の目的に着目し、生徒にとっては「教授・指導を受けること」が目的で、演奏はその手段であり、課題曲の選定や教室設備・装置の使用など音楽教室による関与があるとはいっても、これは生徒の目的達成のための補助的なものにすぎないとして、生徒の演奏による音楽著作物の利用主体は音楽教室ではなく生徒自身であるので、生徒の演奏について音楽教室が著作権料を支払う必要はないとした（これに対して、教師の演奏については、音楽教室が著作物の利用主体であるので、利用主体である音楽教室は JASRAC に著作権料を支払わなければならない）。

*4　2020年改正では、漫画や映画を著作権者に無断でアップロードした海賊版サイトに誘導する「リーチサイト」対策として、リーチサイト運営者だけでなく、リンクを提供した者にも刑事罰が科せられた（113条2項）。

司法と法務のデジタル化

2022年5月に成立した民事訴訟法等の改正法は、オンライン訴状提出や電子データを用いた証拠調べ（e 提出）、ウェブ会議による口頭弁論や証人尋問（e 法廷）、事件記録のデジタル化と記録閲覧（e 事件管理）の「3つの e」の実現により、民事裁判の全面 IT 化を図った。今後は、このような手続面での電子化にとどまらず、契約の電子化や判決情報のオープンデータ化も議論する必要があろう。ブロックチェーンなどの技術が普及すれば、確実な原本認証を永久保存として使えるので、紙ではなく電子データの方を「原本」とするという可能性も考えられる。

column

本格的な法律学へのスタート──データからの発想と研究倫理

　ここからは、もしこの科目を履修して、より本格的に法律の学習を進めたい、と思うに至った人がいるとしたら、という前提で、1人で学習を進めるための基本姿勢についてアドバイスをしておきたい。

　まず、第1章にも述べたように、法律は暗記の学問ではない。だから、ただ教科書とにらめっこ、というだけでは、成果があがらないし、だいいち面白くない。

　ただ、法律学という学問についての基本的な考え方をまず伝えておきたい。法は、1人では生きていけない人間が、社会という集団を作り、そこで皆が幸福に暮らせるように作ってきたルールの集成である。したがって、法律とは取りもなおさず、人間の長い歴史的な営みの反映なのである。だから、他の学問以上に、そのこれまでの人々の積み上げてきた成果を正しく理解して、そこから勉強をスタートさせるという姿勢がなければならない。したがって、アパートの部屋に寝転んで1人で考えていても、法律の勉強は進まない。まず学習のデータを正しく集めることである。その学習データというのが、法律の条文であり、判例であり、学説であるのである。こういう情報データの処理を教えることを中心とした科目もある。⇨ コラム 法学情報処理

　近年、インターネットの普及に伴って、このようなデータ処理を含んだ法学リテラシー科目の重要性は増しており、かつ、必ず教えなければいけない内容として、**研究倫理**の問題も挙げられている。簡単にコピー・ペーストができてしまう時代なので、引用の注はしっかりつけること。他人のブログの文章の無断引用は著作権侵害であり、そういうレポートを提出するのは明らかな不正行為である。

法学情報処理

　多くの大学の法学部には、法学情報処理といった名前の授業があるかもしれない。そこでは、法律学習のための情報をどう集めてどう処理するか、などということを学ぶ。そこで一番大事なのが、「二次資料ではない、原資料（加工されていないデータ）にあたることが大切」ということである。これは法律の学習に限ったことではないが、要約されたものではなく、オリジナルの資料にあたることが重要である（要約は要約者の主観が入るし、肝心の要素が落ちてしまっている場合もある）。だから、判例は要約紹介ではなく原文を読み、学説は教科書等に引用されているところだけを参照するのではなく、原論文を読むのが本当は大事、ということなのである。さらに、学習のための情報源と研究のための情報源の違いも知る必要がある。たとえば、いわゆる入門書を学説の情報源として卒業論文に引用したりするのは適切ではない。

まず条文、それから判例、それから学説

したがって、本格的に法律を学ぶのであれば、日本のように成文法の国ならば、まず法律の条文というデータが載っている本、すなわちいわゆる『六法』を手にする必要がある。六法とは、憲法、民法、刑法、商法、民事訴訟法、刑事訴訟法という、主要な6つの法律をさす言葉が、そのまま「全法律」という意味で使われるようになったものである。もっとも、法律や条約に限っても、大変な数になるので、それらのかなりの部分を収録しようとすると相当大部の本になってしまう（たとえば有斐閣『六法全書』）。君たちは最初からそんなに多数の条文を学ぶわけではないので、もっと薄い六法でよい。たとえば、この法学の授業だけならば、信山社の『法学六法』で足りるはずだが、学部3、4年生の授業にほとんど間に合う、ということになると、厚さは3〜4倍になるが、有斐閣『ポケット六法』、三省堂『デイリー六法』などが、学部から法科大学院くらいまで使えるはずである。

もっとも、最近は法律の改正や新法の制定が頻繁なので、毎年1回は買い換える必要があるだろう。上記のどれか1冊を手元において、条文をそのつど確かめながら学習していただきたい。なお、判例付きの六法もあり、より深い学習には役に立つのだが、「六法持ち込み可」とされる期末試験に持ち込めないのが普通なので、注意しておこう（試験に持ち込む六法には文字の書き込みをしないこと。書き込みがあると不正行為とみなされるケースが多い。「みなす」と「推定する」の違い（24頁参照）も復習しておくこと）。

六法の読み方、条文の理解の仕方

民法109条
1項 第三者に対して他人に代理権を与えた旨を表示した者は、その代理権の範囲内においてその他人が第三者との間でした行為について、その責任を負う。ただし、第三者が、その他人が代理権を与えられていないことを知り、又は過失によって知らなかったときは、この限りでない。
（2項省略）

さて、その六法の読み方だが、ただ漫然と読んで暗記しようとしてはいけない。しなければいけないことは2つ。①登場人物をA・B・Cなどの記号に置き換えて当てはめる、②登場人物の関係図を描く、ということなのである。

具体的にやってみよう。たとえば、「第三者に対して他人に代理権を与えた旨を表示した者は、その代理権の範囲内においてその他人が第三者との間でした行為について、その責任を負う」という条文がある（民法109条の「代理権授与の表示による表見代理」）。

これを読んだ場合、主語はいささか長いが「第三者に対して他人に代理権を与えた旨を表示した者」だから、これをAとし、「第三者」をC、「他人」をB

としてみよう。そうすると、上の条文は、「第三者Cに対して他人Bに代理権を与えた旨を表示した者Aは、その代理権の範囲内においてその他人Bが第三者Cとの間でした行為について、その責任を負う」ということになる。まずこの読み替えをしないと、条文を読んだことにならないと思ってほしい。

そうしたら、次に、A・B・Cの関係図を描くのである。

そうしてようやく、この民法109条の条文の意味の理解に入る。これは、代理の規定である。代理については民法99条に基本の条文があり、その第1項では、「代理人がその権限内において本人のためにすることを示してした意思表示は、本人に対して直接にその効力を生ずる」という規定がある。これにもABを入れると、「代理人Bがその権限内において本人Aのためにすることを示してした意思表示は、本人Aに対して直接にその効力を生ずる」ということになる。したがって意思表示の相手は、条文には出てこないがCということになろう。

だから、民法99条は、BがCに対して、「私はAの代理人です」といってAに代わってCと契約すれば、これはAとCが契約したことになる、というのである。であれば、109条が問題にしているのはどういうことか。109条では、AがCに、「Bに代理権を与えました」と言ったのだが、Bが本当に代理人ならば、それは99条で処理されて何の問題もない。ということは、109条が言いたいのは、一度AがCに、「Bに代理権を与えました」と言ってそのままにしてあるのなら、そう表示した以上は、実際にはBへの代理権授与を取りやめていたとしても、その与えたとした代理権の範囲で、AはCに対して責任を負わなければならない（Cと有効な契約をしたことになる）というのである。それが、つまり本当は代理人でない人がした行為でも有効な代理行為と同じように本人が責任を負わなければならない場合がある、というのが、「表見代理」というものなのである[5]。

ここまで理解するのが、「条文を読む」ということなのである。

民法99条
1項　代理人がその権限内において本人のためにすることを示してした意思表示は、本人に対して直接にその効力を生ずる。
2項　前項の規定は、第三者が代理人に対してした意思表示について準用する。

＊5　表見代理にはこのほか、代理人が権限外の行為をした場合（民法110条）、代理権が消滅したことを相手方が知らない場合（112条）がある。

判例の意義と判例学習の仕方

条文の当てはめだけでは足りないところを補うのが判例である。先に学んだように、最高裁判所の判例は、先例拘束性といって、その後の下級裁判所（地方裁判所や高等裁判所）の判決を拘束する（それと違った判決を出せない）性質を持つ。判例は、民間の判例雑誌に載り、さらに裁判所の公式な判例集に登載されるものがある。また、これらをデータベースで読むこともできる。⇨コラム

公式判例集と民間の判例雑誌・法律雑誌

　判例の学習の仕方で注意したいのは、たとえば判例解説書（有斐閣『判例百選』、悠々社『判例講義』など）で判例を読むときには、解説から読んではいけないということである。順番は、まず事案から読むのである。そして、上の条文の読み方で学んだように、当事者の関係図を描いてみる（これは民事の関係ではことに重要である）。それから、この事案にあてはめるべき条文を考え、その条文では何が足りないのか、何が判断できないのか、を考える。そして、それから判旨（判決の中心部分）を読んで、最後に解説を読むのである。その解説では、専門の学者が判例の解説というよりも自分の学説を書いているところもあるから、そこは初心者はあまり一生懸命に読まなくていい。つまり、事案がどのように条文や判例によって解決されたのか、を学び取ることがまず重要なのである。とりあえず、学説は二の次にしておこう（学説の重要性とか、高く評価すべき学説とそうでない学説の違いなどは、もっと勉強が進んでからお話ししよう）。

判例の引用

　いつのどの判決かを示すのには、通常、裁判所名、判決年月日、登載判例集の巻号頁等でなされる。これを判例の引用という。

①民事事件に関する公式判例集は、明治の大審院民事判決録がその後大審院民事判例集に変わり、さらに昭和22年からは最高裁判所民事判例集となる。それらの引用の仕方は、

　　　大判（年月日）民録○○輯○○○頁

　　　大判（年月日）民集○○巻○○○頁

　　　最判（年月日）民集○○巻○○号○○○頁

公式判例集と民間の判例雑誌・法律雑誌

　最高裁判所の判決の中で、ことに先例として紹介したいものが選ばれて、公式判例集としての最高裁判所判例集に登載される。この判例集は、ほぼ毎月出されるのだが、1冊の中が最高裁判所民事判例集（民集）と最高裁判所刑事判例集（刑集）に分かれていて、図書館などではこれを別々に製本して配架するのが通常である。一方、民間の判例雑誌としては、『判例時報』『判例タイムズ』『金融商事判例』などがある。論文や判例評釈（学者などが判例を批評・解説するもの）が載る法律雑誌としては、『ジュリスト』『法律時報』『民商法雑誌』『金融法務事情』『NBL』などがある。学生向けの法律雑誌には『法学教室』『法学セミナー』などがある。これら法律雑誌は学説の情報源でもある。さらに各大学の紀要に本格的な論文が載ることも多い。また、いわゆる教科書よりも本格的な学術書を体系書と呼ぶことがあり、こういうものも学説として引用されるが、実際には学説の多くは、最初は上記の論文や判例評釈の中から生まれている。

column

となる。なお最高裁の大法廷判決は**最大判**と略し、大審院の、最高裁大法廷にあたる連合部の判決は、**大連判**と略す。

②民間の判例雑誌には、『判例時報』『判例タイムズ』『金融商事判例』『金融法務事情』等がある。これらに載った判決は、**判時**○○号○○頁、**判タ**○○号○○頁、**金判**○○号○○頁、**金法**○○号○○頁、などと略して表現する。

ちなみに、判例の引用は、たとえば「最高裁平成17年11月24日判決」ではどうしていけないのか？ 答えは簡単である。裁判所名と判決年月日だけでは、たとえば最高裁がその日に複数の判決を言い渡していれば、判決がひとつに決まらないからである。

紛争解決のための法──法律に携わろうという人に

皆さんの中で、本格的に法曹（つまり、弁護士、裁判官、検察官）を目指そうとする人がいたら、ぜひこう伝えておきたい。法科大学院に進学し、司法試験を受けて、法曹になるのは決して楽な道ではないけれど、たどり着いた先の法曹という職業は、世の中の人のためになるもので、君自身にも期待通りの充実感が得られるだろう、と。では、そこまで頑張る気持ちはない、という人には、法律を学ぶことは無益なのだろうか。そんなことはまったくない。たとえば、普通に企業に就職した場合にも、法務部という、法律のエキスパートが集まる部署がある。さらに、法務部に配属にならなくても、たとえば、取引先との契約を結ぶ仕事をする人はおそらく無数にいるだろう。そういう人にも、法律学が役に立つのはもちろんなのである。

そんな皆さんに最後に伝えておきたい。法律を単なる知識として覚えるだけでは何にもならない。それを紛争解決のために使いこなせるようになることが大事なのである。だから、判例はこうで、学説のA説はこうで、B説はこうで、といくら覚えていてもダメである。ある紛争の事案を見せられたときに、これにはどういう法律の何条が適用されるのか、その法律を当てはめてうまくいかないところがあるときは、何か判例はなかったのか、それを使うとどうなるのか、という手順で、実際に紛争解決のために法律の知識を使いこなす力をつけることが君たちに望まれるのである。

そのためには、①1人で勉強しないで、みんなと議論しながら勉強すること（論理的に説明し説得する力をつけよう）、②面倒でも自分の考えを文章にして書いてみること（頭の中でこうだと思っていても、それを論理的な文章にできて初め

て考えがまとまる）、が重要である。

　もっといえば、法律は、人が社会の中でよりよく生きていけるためのルールなのだから、それを学んで、自分自身も、周囲の人も、幸せにしてあげられなければいけないはずである。そのためには、まず第一歩は自分がしっかりすることだ。つまり、バイトも経験し、失恋も経験し、トラブルも経験し、そうやって大人になりながら、自分の判断力を磨き、他人に対する思いやりを身に着けていくことである。法律学は、決してお勉強だけがとりえの優等生に向いているものではない。

　昔から、「よき法律家は悪しき隣人」という言葉がある。隣に優秀な法律家がいたら、いろいろ権利主張をされたりしてかえって隣人としては好ましくない、という意味だろうが、少なくとも私の知っている「よき法律家」は、みんな人間味の豊かな、世の中の弱者に対して優しいまなざしをもち、理不尽なことには闘志を持って立ち向かい、それでも自分たちが完全無欠でないことを誰よりもよく知っている、という人たちである。

　だから、法律に携わろうとする人への究極のアドバイスは、「人間として魅力のあるオトナになってほしい」ということになるだろうか。そして、第1章でも述べたように、皆さんが社会人になって入っていく集団（会社、市町村、マンションの管理組合、同窓会などさまざまなレベルが考えられる）の中で、その構成員の人たちを幸せにできるルールを創れる人になっていってほしいのである。

　本書の読者には、これで法律の勉強はおしまい、という人ももちろんいるだろう。その人たちには、少しでも、面白かった、役に立ったと思っていただければわれわれは満足である。

　けれども、ここからもっと法律の勉強を、と思う人たちがたくさん出てくれれば、われわれとしては、大喜びでその人たちを歓迎したい。

　ここまでおつきあいいただいて、ありがとうございました。

　さようなら、そしてまた、**ようこそ、法律学の世界へ！**

夢子、大学に来るってメールもらってびっくりしたよ。

かなえと話したかったし、キャンパスの雰囲気も知りたかったから。教室の後ろで授業も聞いちゃった。

こちらは希望さん。サークルの1年先輩なの。それから、お友達の翔くん。

はじめまして。話はかなえさんから聞いてるよ。

実は今度、大学受験しようと思ってるんです。自分がしっかり生きていくのに、やっぱりもっと勉強したほうがいいかなって思って。

へーえ、絶対ここにおいでよ。そうだ、遊び人の翔の意見も聞いて大学選びをしよう。

遊び人は余計だろ。

いろいろ教えてください。できれば、私、法律を勉強したいんです。よくわからないけど、人の役に立ちたいって気持ちがあるし、その前に、自分が自立して幸せになりたいって思うんです。自分が幸せじゃなければ、人を幸せにはできないでしょう？

夢子さん、カッコいいー！
じゃあ、まずは学食で夢子さんの激励会をしよう！

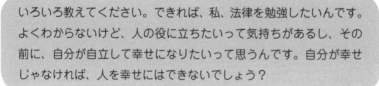

賛成！

参考文献

第 1 章
池田潔『自由と規律―イギリスの学校生活』岩波新書、1964年

団藤重光『法学の基礎〔第 2 版〕』有斐閣、2007年

池田真朗『民法はおもしろい』講談社現代新書、2012年

池田真朗『スタートライン民法総論〔第 3 版〕』日本評論社、2018年

第 2 章
池田真朗『スタートライン債権法〔第 7 版〕』日本評論社、2020年

大村敦志『新基本民法 1　総則編〔第 2 版〕』有斐閣、2019年

佐久間毅『民法の基礎 1　総則〔第 5 版〕』有斐閣、2020年

池田真朗『新標準講義　民法債権各論〔第 2 版〕』慶應義塾大学出版会、2019年

第 3 章
中田邦博・鹿野菜穂子編『基本講義消費者法〔第 5 版〕』日本評論社、2022年

細川幸一『大学生が知っておきたい消費生活と法律』慶應義塾大学出版会、2018年

大村敦志『消費者法〔第 4 版〕』有斐閣、2011年

日本弁護士連合会編『消費者法講義〔第 5 版〕』日本評論社、2018年

松本恒雄・後藤巻則『消費者法判例インデックス』商事法務、2017年

消費者庁消費者制度課編『逐条解説　消費者契約法〔第 4 版〕』商事法務、2019年

齋藤雅弘・池本誠司・石戸谷豊『特定商取引法ハンドブック〔第 6 版〕』日本評論社、2019年

河上正二・沖野眞己編『消費者法判例百選〔第 2 版〕』有斐閣、2020年

河上正二『遠隔講義消費者法〔新訂第 3 版〕2022』信山社、2022年

第 4 章
大村敦志『新基本民法 6　不法行為編〔第 2 版〕』有斐閣、2020年

窪田充見『不法行為法―民法を学ぶ〔第 2 版〕』有斐閣、2018年

潮見佳男『債権各論Ⅱ　不法行為法〔第 4 版〕』ライブラリ法学基本講義、新世社、2021年

大村敦志『不法行為判例に学ぶ―社会と法の接点』有斐閣、2011年

第 5 章
池田真朗編『民法 Visual Materials〔第 3 版〕』有斐閣、2021年

犬伏由子ほか『親族・相続法〔第 3 版〕』弘文堂、2020年

二宮周平『家族法〔第 5 版〕』新法学ライブラリ、新世社、2019年

大村敦志『家族法〔第 3 版〕』有斐閣、2010年

『民法判例百選Ⅲ　親族・相続〔第 2 版〕』別冊ジュリスト、有斐閣、2018年

窪田充見『家族法―民法を学ぶ〔第 4 版〕』有斐閣、2019年

第 6 章・第 7 章
井田良『基礎から学ぶ刑事法〔第 6 版補訂版〕』有斐閣、2022年

三井誠ほか編『入門刑事法〔第 8 版〕』有斐閣、2022年

第 8 章・第 9 章	斎藤一久・堀口悟郎編『図録 日本国憲法〔第 2 版〕』弘文堂、2021年
	曽我部真裕・新井誠・佐々木くみ・横大道聡『憲法 I 総論・統治〔第 2 版〕』『憲法 II 人権〔第 2 版〕』日本評論社、2021年
	神野潔編『教養としての憲法入門』弘文堂、2016年
	駒村圭吾編『プレステップ憲法〔第 3 版〕』弘文堂、2021年
	笹田栄司・原田一明・山崎友也・遠藤美奈『トピックからはじめる統治制度〔第 2 版〕』有斐閣、2019年
	小泉良幸・松本哲治・横大道聡編『憲法判例コレクション』有斐閣、2022年

第10章　　　　　宮島司『会社法』弘文堂、2020年

金井高志『民法でみる商法・会社法』日本評論社、2016年

近藤光男編『現代商法入門〔第11版〕』有斐閣、2021年

宮島司編『現代会社法用語辞典』税務経理協会、2008年

第11章　　　　　森戸英幸『プレップ労働法〔第 6 版〕』弘文堂、2019年

神尾真知子・増田幸弘・内藤恵『フロンティア労働法〔第 2 版〕』法律文化社、2014年

野川忍『わかりやすい労働契約法〔第 2 版〕』商事法務、2012年

土田道夫『労働法概説〔第 4 版〕』弘文堂、2019年

菅野和夫『労働法〔第12版〕』弘文堂、2019年

菅野和夫ほか編『ケースブック労働法〔第 8 版〕』弘文堂、2014年

水町勇一郎『労働法〔第 9 版〕』有斐閣、2022年

第12章・第13章　浅田正彦編『国際法〔第 5 版〕』東信堂、2022年

西井正弘・鶴田順編『国際環境法講義〔第 2 版〕』有信堂、2022年

中西康・北澤安紀・横溝大・林貴美『国際私法 Legal Quest〔第 3 版〕』有斐閣、2022年

岩沢雄司『国際法』東京大学出版会、2020年

芹田健太郎・薬師寺公夫・坂元茂樹『ブリッジブック国際人権法〔第 2 版〕』信山社、2017年

大森正仁編『よくわかる国際法〔第 2 版〕』ミネルヴァ書房、2014年

杉原高嶺ほか『現代国際法講義〔第 5 版〕』有斐閣、2012年

第14章　　　　　いしかわまりこ・藤井康子・村井のり子『リーガル・リサーチ〔第 5 版〕』日本評論社、2016年

池田真朗編『判例学習の A to Z』有斐閣、2010年

第5版あとがき

　「天は人の上に人を造らず、人の下に人を造らずといへり」とは、有名な明治初期の大ベストセラー、福澤諭吉の『学問のすゝめ』の冒頭の一文です。ただこの後に、それなのに人に差がついてしまうのは、学問をするかしないかによるのだ、という意味の文章が続いていることは、それほど知られていません。

　学問というと難しく聞こえますが、私は、「学ぶ」ということは、人がそれによってよりよく生きられるようになること、より幸せになれること、が最大の効用であるべきだと思っています。しかもそれが苦痛を伴うのではなく、少しでも楽にできることが大切です。

　法学は、複雑化し、かつ急速に移り変わる現代社会を生きる人々にとって、絶対に知っておくべきもの、知っていれば役に立つもの、をたくさん含んでいます。これを少しでも多くの皆さんに、楽しくわかりやすく学んでいただきたい。その一心で、この本を作りました。21世紀の『法学のすすめ』のつもりです。

　学生生活で遭遇するトラブルなどから説き起こし、多くの新機軸を盛り込んで市民法から国際法までをわかりやすく取り上げた本書は、幸い、初版以来大変好評を得ることができ、版を重ねてきましたが、なお「最先端の法学テキスト」を目指して、ここに第5版を上梓します。

　第5版の主要改訂点は、消費者法分野で特定商取引法や消費者契約法について最新の改正をフォローし、家族法でも親子法制の直近の改正を迅速に紹介し、刑法関係ではストーカー規制法の強化に触れ、憲法では議員定数不均衡の問題を加え、労働法では採用直結インターンの項目を新設し、国際法では難民問題を加筆しました。14章ではITやAI、デジタル化等の記述を増やしています。これらの加筆改良で、本書は、より有益なものになったというだけでなく、皆さんの学生生活をリスクから守るものになりえたと思います。

　今回も、編集部の外山千尋さんに大変お世話になりました。イラスト・似顔絵を描いてくださった山口敦子さんにも、重ねて感謝いたします。

　本書で学んでくださった皆さんは、法学と「友だち」になれました。それだけでなく、もっともっと親しくなって深く知り合っていくための、適切な準備が整ったと思います。どうぞ、法を学び、その学びを超えて、世の中の多くの人々を幸福に導くためのさまざまなルールを創っていける人になってください。

　　　　　2023年1月

　　　　　　　　　　　　　　　　　　　　　　　　　池 田 真 朗

コラムタイトル一覧

編者 ● 池田真朗 いけだ まさお
武蔵野大学法学部教授、同大学大学院法学研究科長、慶應義塾大学名誉教授、博士（法学）
1949年生まれ。慶應義塾大学経済学部、同大学院法学研究科博士課程修了
司法試験考査委員、日本学術会議法学委員長等を歴任、2012年紫綬褒章受章
著書『債権譲渡の研究』弘文堂、1993年、増補2版 2004年
　　　『債権譲渡法理の展開』弘文堂、2001年
　　　『債権譲渡の発展と特例法』弘文堂、2010年
　　　『債権譲渡と電子化・国際化』弘文堂、2010年
　　　『債権譲渡と民法改正』弘文堂、2022年
　　　『スタートライン債権法』日本評論社、1995年、第7版 2020年
　　　『スタートライン民法総論』日本評論社、2006年、第3版 2018年
　　　『民法への招待』税務経理協会、1997年、第6版 2020年
　　　『民法 Visual Materials』〔編著〕有斐閣、2008年、第3版 2021年
　　　『判例学習の A to Z』〔編著〕有斐閣、2010年
　　　『新標準講義民法債権総論』慶應義塾大学出版会、2009年、全訂3版 2019年
　　　『新標準講義民法債権各論』慶應義塾大学出版会、2010年、第2版 2019年
　　　『解説電子記録債権法』〔共著〕弘文堂、2010年
　　　『ボワソナードとその民法』慶應義塾大学出版会、2011年、増補完結版 2021年
　　　『民法はおもしろい』講談社現代新書、2012年
　　　『新世紀民法学の構築』慶應義塾大学出版会、2015年
　　　『ボワソナード「日本近代法の父」の殉教』山川出版社、2022年　ほか

執筆者 ● 池田真朗 いけだ まさお　　　　　　第1章・第14章

　　　原　恵美 はら めぐみ　　　　　　　　第2章・第4章
　　　中央大学教授

　　　前田美千代 まえだ みちよ　　　　　　第3章・第5章・
　　　慶應義塾大学教授　　　　　　　　　　第11章・第14章

　　　佐藤拓磨 さとう たくま　　　　　　　第6章・第7章
　　　慶應義塾大学教授

　　　横大道　聡 よこだいどう さとし　　　第8章・第9章
　　　慶應義塾大学教授

　　　金尾悠香 かなお ゆか　　　　　　　　第10章
　　　武蔵野大学准教授

　　　尹　仁河 ゆん いんは　　　　　　　　第12章・第13章
　　　慶應義塾大学専任講師

人物イラスト ● 山口敦子 やまぐち あつこ

シリーズ監修者 ● 渡辺利夫 わたなべ としお
1939年生まれ。拓殖大学学事顧問、東京工業大学名誉教授、経済学博士

プレステップ法学〈第 5 版〉

2009（平成 21）年 3 月 31 日	初　版 1 刷発行
2012（平成 24）年 4 月 15 日	同　　5 刷発行
2013（平成 25）年 3 月 15 日	第 2 版 1 刷発行
2015（平成 27）年 4 月 15 日	同　　4 刷発行
2016（平成 28）年 1 月 30 日	第 3 版 1 刷発行
2019（平成 31）年 2 月 28 日	同　　6 刷発行
2020（令和 2）年 3 月 30 日	第 4 版 1 刷発行
2022（令和 4）年 2 月 15 日	同　　4 刷発行
2023（令和 5）年 3 月 15 日	第 5 版 1 刷発行
2024（令和 6）年 3 月 15 日	同　　2 刷発行

編　者　池田　真朗

発行者　鯉渕　友南

発行所　株式会社　弘文堂　　101-0062　東京都千代田区神田駿河台 1 の 7
　　　　　　　　　　　　　　TEL 03(3294)4801　　振替 00120-6-53909
　　　　　　　　　　　　　　https://www.koubundou.co.jp

デザイン　高嶋良枝
印　刷　三報社印刷
製　本　三報社印刷

ISBN978-4-335-00155-0